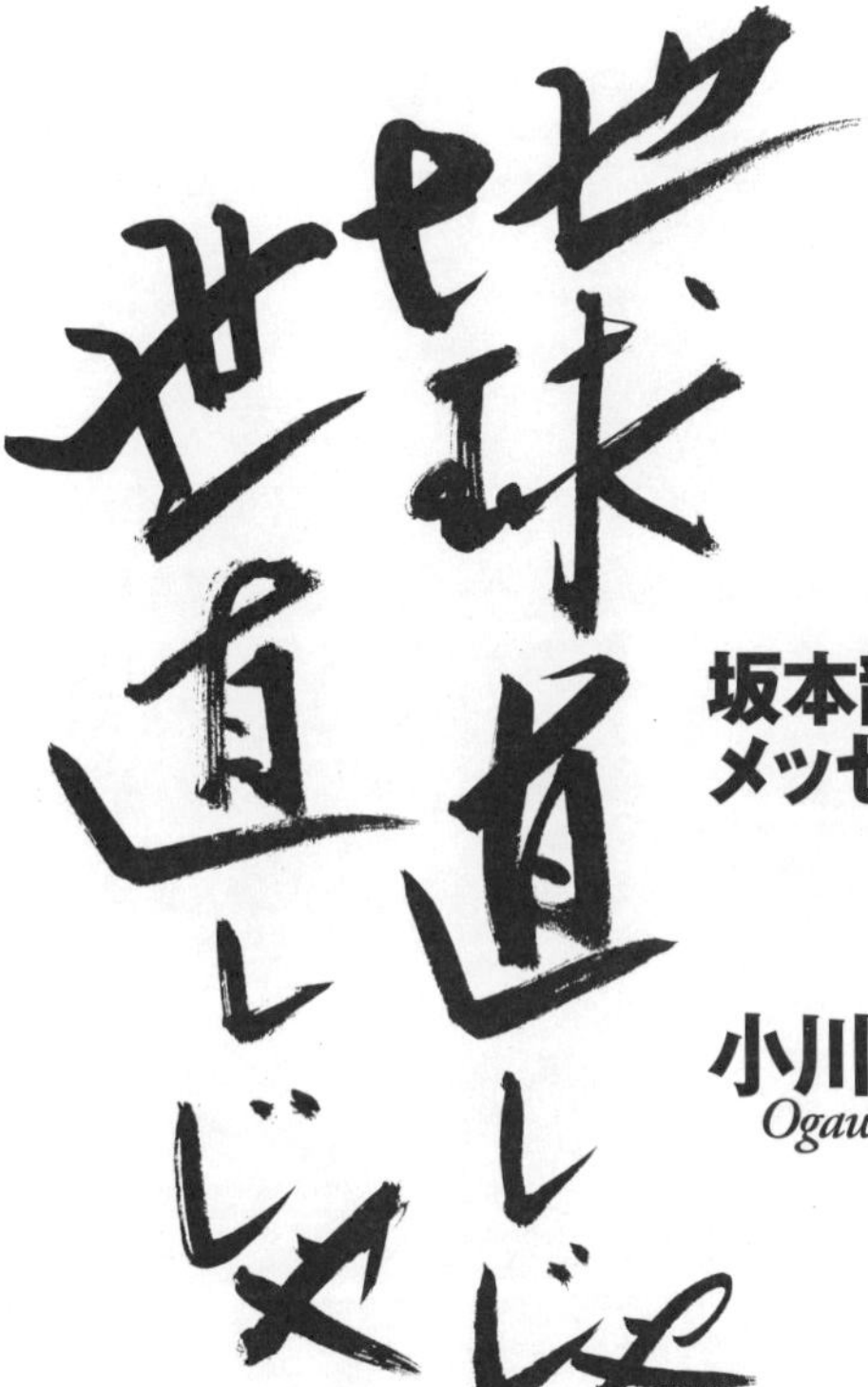

坂本龍馬からのメッセージを中心に

小川悠一郎・編著
Ogawa Yuichiro

たま出版

カバー題字　小川悠一郎

はじめに――真の個人幸福、世界平和への貢献を願って

小川悠一郎

二〇〇〇年から開始された私たちへの霊天上界からのメッセージ通信も、現在(二〇〇四年五月)で四年半近くになりました。

人は、使命をもって生まれてきます。霊現象には、念写、物品引き寄せ、スプーン曲げ、霊治療などがあり、そのほかにも霊聴、霊言、自動書記などもありますが、どうやら私たちの使命は、高次元、霊天上界(ハイアラキー)の啓示を世の人々にお伝えすることであるようです。

そうして、天上界の霊人の方々が、どのような生活をしているかをお知らせし、神化《しんか》向上するためにはどのようなことをしなければならないかを、お教えすることのようです。同時に、神とはなにか、愛とはなにか、光とはなにかも、お伝えしなければならないようです。そのためには、私たち自身が、高度精神世界への道標《みちしるべ》にふさわしい神の子でなければならず、日々努め励んでいます。

霊天上界からのメッセージ伝達の第一号は、坂本龍馬氏からのものでした。居ても立ってもいられないという熱き胸騒ぎのような波動が、「うずき」となって、私の心の奥底から響きわたってきたのです。

その頃、井上トシ子氏（霊能者）は、日常的に幽体離脱をするようになっていて、ひんぱんに霊天上界にのぼっていました。私が、坂本龍馬氏から霊波を受信したそのとき、井上氏もまた霊聴していました。二人の霊波受信と霊聴の時間が、ピタリと一致したのです。

現在、霊信総数は四〇〇回以上にものぼり、光の天使の応援団は、今後想像を絶する厖《ぼう》大《だい》なものになるであろうと予測されます。

しかしながら、霊聴霊言は、私どもが優れている、劣っているなどというしろものではなく、私どもの過去世からの目標が現在に至って、神理探求、天上界、光の天使のご意志をお伝えさせていただくという使命のもとに生まれさせていただいたものと認識しています。

指導霊のお言葉、御心《みこころ》は、私たちの心の学びを通し、世の人にわかりやすく、子どもから大人の誰にでも、やさしく理解しやすい愛の大切さを訴えておられます。

これを機に、地球のおおいなる目標、ユートピア実現に向けて、少しでもお役に立つことで、真の個人幸福、世界平和に貢献できることを願って止みません。

なお、インスピレーション（霊感）についてですが、私は幼少時から、霊体質、霊的感覚の鋭い方でした。一〇歳の頃からは憑依《ひょうい》現象に見舞われ、その後一〇年間頭痛に苦しめられ、とうとうノイローゼになりました。しかし、これこそ、私がインスピレーションを受けやすい、いや受けるための使命だったというわけです。これぞ世に言う、直感とも超能力とも言われる現象かと思います。

しかしながら、それらは、人間誰しも生まれながらにして与えられている神からの贈り物ではないでしょうか。ただ、この霊感なるインスピレーションも、その人その人の心の持ち方で変化するのです。

天上界、高級霊の啓示を受けるには、まずは、己の心そのものがピュアでなければなりません。ピュアでなければ、まずもって不可能なことです。

まして心の中が不純に満ち、スモッグだらけの状態では、直感なりインスピレーションは、逆に魔に通じ、やがてはその餌食《えじき》と成り下がってしまうのです。これは、これまでの私の体験に基づく信条でもあります。

今回の本で紹介した霊信は、だいたいが朝の時間になされていますが、実は、ほとんどが勝手なときにさっと閃き、名前が浮かび、次には何をどう伺うべきか、具体的な霊示を受けるという形をとっています。それも、いままでは、ほとんど外れることがないように思われます。

この出版に当たりまして、株式会社たま出版の中村利男専務と株式会社インターカルチャー研究所の松澤正博様にご尽力を賜りましたことを、深く感謝いたします。

霊天上界からの郵便のように、幸福と安らぎの宅配便のように

井上トシ子

まず最初に、私がどのようにして霊信を受けているのかを、記しておきたいと思います。霊信に入る前に必ず行うことは反省瞑想です。反省瞑想をするとしないとでは、心の澄み方が違うのです。光の入り方が、まるで違ってくるからなのでしょうか。

反省内容としては、一日のこと、一週間ほど前のことなどから、愚痴、不平、不満、妬《ねた》み、嫉《そね》み、恨み、不安や、否定的な思いはもたなかったか。また、人に嫌な思いをさせなかったか。真理を口にすることができたか。奉仕ができたかなどなど、そのとき心に浮かんだことを素直に反省し、神に謝罪し、また相手がある場合には、相手の真我《しんが》に向かい詫びておきます。その後、守護霊様や光の指導霊様を招霊させていただきます。

誰に霊信をいただくのかは、その日の悠一郎先生のインスピレーション、直感によるのですが、質問の内容についても、必ず悠一郎先生の指示通りに行います。

また、日によっては、守護霊、指導霊の思われるままにとお願いすることも多いのです

が、それも悠一郎先生の指示通りに行います。

家事を片づけながら『ユートピア讃歌』を聞き、心を静め、清らかな調和の状態で入っていけるよう心がけています。

霊信をいただく方法は、光の天使や守護指導霊が霊界から私の前に出てきて話をする場合と、私が霊体（幽体）離脱をし、飛翔していく場合との二通りです。とくに、この本の中で老子様が話されている明鏡《めいきょう》止水《しすい》の心境が最も大切かと思われます。世のため、人のためという念《おも》いも大切です。自分の心が揺れ動いているときは、魔が忍び寄ってきます。悪想念によるスモッグで、どうも光が届かないらしく、こちらからいくら呼びかけ待っていても、何も見えませんし聴こえてこないのです。たとえ見えてきたとしても、変にぎこちなく、妙な動き方をしますし、話にしても真理を貫いた話をすることはとても難しいのです。

調和されているときには、霊人の思いが言葉となって、胸の奥底からゆっくりと沸き上がってくるように伝わってくるので、それを記録していくのです。一回の霊信にかかる時間は四、五〇分くらいでしょうか。それがちょうど私の体の限界であることを、向こうはわかっているらしいのです。どういうわけか私の場合は、外国の霊人も大昔の霊人も地方の霊人も、現代の標準語で語りかけてきます。

これにはどうも理由があるらしく、私の中に間違わないようにきちんと伝わってほしいとの必死な思いがあるものですから、すべてわかりやすい言葉で伝えてきているのだと思います。これもすべて天上界の慈悲の念いの顕《あらわ》れなのではないかと感謝しています。

こんなふうにして霊信を終えると、間をおかず、悠一郎先生に電話で読み上げ報告します。無心に、無欲に、ただ導管となり、霊天上界の通信をお届けさせていただく郵便配達夫か、幸福と安らぎを運ばせていただく宅配便屋さんのようなお仕事をさせていただいていると思っています。

霊天上界からの通信をいただけるかぎり、ただ淡々と皆様のもとに届けさせていただこうと思っております。

〔目　次〕

第1章 明治維新の根本精神

西郷先生は、助け船を出してくださった

西郷隆盛（一八二七—七七。文政一〇—明治一〇）。薩摩藩・下級藩士の子として生まれたが、藩主に見出されて側近に抜擢。尊攘《そんじょう》派対策をめぐって藩主・島津久光と衝突し、流刑となる。

一八六四年（元治一）に軍賦役《ぐんぶやく》に復帰し、薩軍を指揮して尊攘派長州軍を撃退（禁門の変）。さらに、第一次長州征伐で長州藩を無血降伏させる。その後、幕府との関係が悪化すると、薩長同盟を結んで反幕勢力の結集をはかり、一八六七年（慶応三）に王政復古クーデターを成功させる。

明治新政府発足とともに、戊辰戦争を指導し、勝海舟との会談で江戸無血開城に成功。廃藩置県、地租改正、徴兵制などの政策を推進したが、朝鮮問題をめぐって、岩倉、大久保らと対立し、鹿児島に引退したあと、西南戦争に擁立されて九州各地を転戦し、城山で自刃した。

西郷隆盛様1　2003年7月3日　9：50—10：50

――西郷先生、お願いいたします。

はい、西郷です。

――本日はお出ましありがとうございます。井上です。たくさんの霊人の方々からお話をお伺いしています。西郷先生からもお伺いしたいのですが、よろしいでしょうか。

どうぞ、何でも聞いていただいてけっこうですよ。どんなこと？　悩みごと？　私なりの考えでよろしければ、何にでもお答えいたしましょう。

――なんと温かい波動でしょう。今、体中がお湯の中にいるようです。

私は、天を敬い、人には慈愛の心が何よりも大切であると、生前もよく語っていましたが、今もまったく変わっておりません。そのような思いが伝わるものなのでしょうか。

――私などは、いかにも小さな虫けらのような意識でして、それもお見通しでしょうから、とても恥ずかしく思っております。

私の師である悠一郎先生は、愛と奉仕の生活を地道に歩んでこられた方なのですが、西郷先生の偉業を目の当たりにすると、あまりにもその影響力の差の大きさに、自分の非力を感じてしまうと言われるのですが……。

いいや、そんなことはありません。男の生き方には、大きく分けると二通りあります。一つは、天命を知り、それを全うすべく努力する者。もう一つは、家族をひたすら愛し、守り、平和に暮らす者です。そのどちらが大切であるかは、一概に言い切れるものではありません。どちらも愛の道そのものであるからです。

天命を知り、道を求める者として、あなたの先生、悠一郎さんは、ここまで生きてこられた。素晴らしいと思います。この方の思いは、男として私にも理解できるのですが、目の前の結果だけで、人の価値判断ができるものではないことを、本人が一番よくご存じかと思います。

無私無欲、天命を自覚した者は幸いです。天を敬い己を信じ、人を慈しみ、その道を黙々と歩むのみ。それでよろしい。他に何もいりません。己にまだ何か大きな不足を感じておられるとしたら、それは間違いです。心のあり方、肚《はら》の据《す》え方が問われるべきです。人の偉業と己の実績とを比較するということそのものが、ナンセンスです。神はすべてご存じです。比べようがないのです。天秤ではかることはできないのです。愛を秤にかけることができるでしょうか。おわかりですね。

――はい、よくわかります。こんな世相でございますので、人の心は荒れています。自分さえよければ、自分さえ得をすればという心が、人の目には判然と形となって見えないだけに問題が多いようです。殺人や事件が、あまりにも目に余ります。どう思われますか。

「こんな時代だから…」と、いつの世の人たちも口にしますが、私たちの時代にも、残酷な事件は数多くありました。貧しく暗い時代でしたから、さまざまなところで、実に多くの残酷な事件が起きておりました。しかしながら、いまのように報道機関が発達していなかったので、一つひとつの事件が、全国的にあからさまにならなかっただけのことです。それにしても、日本でも犯罪や事件が、国際的な広がりをもつようになりましたね。日本が日本だけを守っていればそれで万全だと言える時代は終わったようです。世界は一つの大きな意識として、すべての事柄に対処していくときなのです。それによって、人類も地球もますます発展していかねばならないのです。

――ここまでお話をお伺いしましただけでも、西郷先生の意識は本当に大きく、誠実で温かい方だということが、伝わってまいりました。勤勉な勉学少年であったそうですが、これからの世を背負って立つ青少年たちの教育について、メッセージをください。

学識というものは必要ですし、大切なものではありますが、いまの時代のように、勉学一辺倒というのは、非常に問題があります。それにともなう心身の育成というものを、もっともっと重視すべきです。いまは、とにかく偏りすぎています。しっかりとした教育者の育成が、まずは先決でしょう。豊かな人材、子どもたちが慕ってやまない確かな教師と言える人物が、いまどれほどいるかですね。

――ありがとうございます。合掌。

西郷隆盛様2　2003年7月4日　11：50—12：50

西郷です。

昨日に引き続き話していきたいと思います。私の拙《つたな》い話を喜んでくださる方に出会ったということが、天上界の私どもにとっては、とても励みになります。

「雲をつかむような話」という言葉がありますが、地上の人たちにとって、この私どもの話は、雲をつかむ以上に具体性に欠ける部分もあることでしょう。たとえそうであっても、あなたのように、そういう人たちに霊信を届けてくださる方に出会えたということが、私には大変嬉しいのです。感謝いたします。

天上界の者一同、皆さん同じ思いでいるのです。

——明治時代と言いますと、西郷先生をはじめ熱血漢の人物たちがつくった輝かしい夜明けの時代であったと思われますのに、どうして政治から身を引かれたのでしょうか。

多くの維新の男たちが理想と夢をかかげ、命を投げうって手にした世界が、あまりにも私の思いとはかけ離れた権力と陰謀、策略の世界であったからです。

私はあの時代に世直しのために出た一人ではありましたが、権力を手に入れるために藩主に取り入ったわけでもなく、気に入られようと骨身を削ったこともありません。正しい清廉な理想の世をつくるべく、命を投げ出してことに当たっただけです。当時はそのような男が多く、それが当たり前で、私はそのような男の一人だったのです。

——西郷先生のお仲間には、坂本龍馬先生もいらしたはずですが、龍馬先生についてはどう思われますか。

いやあ、彼は実によい男です。友人としても仲間としても大切な人物です。どのように世直しをするか、新しい時代をいかにつくるかで、今でもよく熱く語り合います。

彼は男のなかの男でありますし、地位や権力や物質などに左右される人物では微塵《みじん》もありません。夢と理想の実現のために、己を投げ出すことのできる魂なのです。

西郷として生きたときに、私の周囲にもたくさん熱血漢はおりましたが、彼ほどのちの世を見つめ、本質を見過《みあやま》たず、恐れず、自由奔放に突き進んだ男はいなかったと言っていいでしょう。

――私たちに霊信を幾度も送ってくださるのですが、そのような偉大な方に、いつもつまらない悩み事等を相談してしまいます。

それはそれで当然なのです。彼とのつながりが、あなたたちにとって非常に深い家族と言えるようなものなのですから、相談する方もされる方も、父と子、夫と妻、兄と弟、恋人というような感覚なのです。その間柄で、政治や理想の話をぶってくれと言われても、なかなかやりにくいと私は思いますよ。

男はよそでは大いに理想を語りますが、親族などにはそんな顔は見せたがりません。あまりにも近すぎるのです。大いに甘えて、大いにすがって感謝していてくれた方が、彼には楽なのではないでしょうか。

――そうであればよろしいのですが…。私たちは自然にそのような感覚になってしまうので、そのことを申し訳なく思っています。

龍馬先生といえば、明治維新に関わり、高次元の思想をかかげ、命を投げ出して大活躍をされ、後世に名を残された方との認識しかないものなので…。

西郷先生も死を恐れず、自分の正しいと思うことを、身分の高い方や上役の方にも、堂々と話すことができた方だと聞いております。

私は、まったく意識せず、策略を用いず、素直に申し上げただけのことです。それが、結果的に西郷という男の誠意を認められ、意見を取り上げてもらえるようになったということだと思っています。

わが命などは、有って無きがごときもの。すべては天のものであり、己のものなどは何一つ無いのです。また、そうでなければ、すべてを投げうってまで世のために道を突き進むことなど、不可能でありましょう。

あの時代は、私にとって大きな試練のときでもありましたが、深い学びのときでもありました。大きな図体の私が、自殺を考えたことも幾度かあったのです。それは、深い絶望からのものではありましたが、今、霊的に見れば、なんのことはない、西郷を貶《おとし》めるための大きな地下エネルギーを支配するものたちの策略であったと言えるのです。

どなたの人生にも、このようなことはあるのです。そのたびに、私のことを教訓として思い出してください。そして、乗り越えることです。いま、そのような思いにさせられている自分を反省し、すぐさま思いを切り換えていくことです。辛いことも悲しいことも、必要があってのことなのです。すべてはあなたご自身のためのものなのです。

——ありがとうございました。合掌。

西郷隆盛様3　2003年7月5日　10：00—11：40

——西郷先生、お願いいたします。

はい、くつろぎましょう。くつろいで、お話をいたしましょう。かしこまって固くなっていると、こちらも窮屈です。

——白地のかすりの浴衣姿ですね。涼し気でとてもリラックスしておられます。

なにしろ、私はこう見えても忙しい男です。時々はこうしてリラックスするのです。

――巨漢でいらっしゃいますが、そのお姿で得をされたと思うことがありましたか。

そうですね。男は外見ではなく、あくまでも中身ですからね。この巨体が茫洋《ぼうよう》としていて温かそうに見えるので、時々何を考えているのかわからないというか、つかまえどころがないと思われたことはあったようです。

――でも、先生は、人の上に立って戦うだけのただの巨男《おおおとこ》ではなかったわけですね。優しく緻密な心配りのある方でもあったからこそ、人からも慕われ、頭脳明晰でもあったので藩主からも頼られたりしたのですね。

いやいや、私はそんな立派な人物ではありませんでした。歴史上の人物ともなると、「英雄」として人に見せられない部分は、当然カットされます。私にもつくり上げられた部分がたくさんあるのです。小さい頃は、けっこう他人にバカにされていましたし、文武どちらにも満足とはいえませんでしたから。自分らしきものが身についたのは、私を取り立ててくださった殿さまが出てこられてからです。それ以降のことです。

この方は、私にとって主君であり恩師です。この方がいなかったならば、私など、歴史に登場するようなことはなかったでしょう。ずうっと下の方で、地道に改革に加わる一武士で終わったに違いありません。

――太っている人間は、精神的にいま一つ物足りない、動きも俊敏さに欠け、病気を誘発しやすい問題体質とされ、どちらかといえば悪く言われています。このいまの地上の現状をどうご覧になりますか。

そういうあなたも、少しポッチャリとしておられますからなあ。肉体が太めであれ、細めであれ、そんなことは問題外です。むしろ、それにこだわる心に視点を当てるべきです。他人よりも美しく見せたい、誰よりも長生きしたい、出世のために賢そうにキリリとした印象に見せたいなど、確かにもろもろの表面意識のオンパレードが見られます。しかし、肉体はあくまでも地上での仮の姿なのです。

今、この時代は、科学万能、物質万能時代とも言われて、とくに先進国と称せられている国々では、青少年の事件や犯罪等が年々増加し、かつ悪質化しています。幼いときから過剰ともいえる教育を受け、物を与えられ過ぎ、ぜいたくに慣れた過保護の若者が多くなり、このような結果を招いているのです。これについては、またお話しいたしましょう。

——ありがとうございました。合掌。

西郷隆盛様4　2003年7月6日　22：00—22：30

西郷です。

あなたのいまの意識は、地上のそれではなく、こちらにいらしていただいています。今少し夢うつつのようであり、ふわふわしているような状態ですね。そして、とても気持ちよく、このことだけに集中していきたいと思っているはずです。

あなたの霊能力について、あなた自身が、はたしてどれだけの器なのか、どれだけの者なのかということで、かなり疑問や不安を感じておられるようですね。

これは、厳密に言えば、私の分野ではないのでしょうが、この原点、出発点をあやふやにしておくことが、これからのあなた方にとって、また私たちの活動にとって大きな問題点となってくる可能性があるので、いま解決しておくに越したことはありません。

私どもが下へ行って話すやり方がいいのか、あなたを少し上の方へお連れして話をした方がよいのか、それを今、試しています。

どうですか。気分はいかがですか。

あなたにとっては、これくらいで気分が悪くなるということはないはずですが…。

無理なことは、させたくないのです。少しでも楽な方法で、あなたに働いていただきたいと思っているからです。私の念いが間違いなく書き綴られているところをみると、この方法もあなたを苦しめることなくやっていけそうに思えます。今、何が見えますか。しっかり見てごらんなさい。周囲を見るのです。

――思いは澄んでいるのですが、何も見えません。

いや、少し不安な思いに取りつかれていますね。見えなかったらどうしようと思わないでよいのです。見えなかったら、「見せてください、もっとはっきりわかるように」と言うべきです。

——はい。

……

——ここで記録は途切れましたが、今日のこの体験は、私にとって第二のステップのときが来たとの思いを強くしました。

これまでの私は、霊信を受けるたび、多少の不安を感じるとともに、私の能力がはたしてどれくらいのものであるのか、疑問をもち続けていたのです。

そのようなときに、「そのような思いは、信仰心と感謝の念の不足である」と、守護指導霊様たちの、また悠一郎先生の手厳しい指導を受けました。そこで、なんとか自分の思いを糾《ただ》し、気を鎮めるように努める日々を過ごしていました。

そんななかで、今日いつものように瞑想を始めたとたんに、スーッと天上界に誘《いざな》われたのです。

「ここはどこです?」

と聞く私に、私の守護霊は、

「そのことについては、何も考えなくてよいのです。何次元であろうと、意識する必要はありません」

と即座にお答えになり、私は「それもそうだ」と素直に納得しました。

そうしたところ、ほどなく西郷先生が私に話しかけてこられたのです。その間、私はえも言われぬ幸福感に満たされ、夢見心地でした。

そこは、まばゆいばかりの光に包まれた、かなり高いところで、眼下にチラチラと地上の景色が垣間見えました。

ああ、いま、西郷先生との話の間に見た景色を順に思い出してみます。

真っ先に見えたのは、素晴らしく明るいブルーや、少し濃い目の緑がかったブルー、深い紺色にも見える美しい海でした。そこには、真っ白な波が打ち寄せていました。見渡すかぎりの海と海辺の景色でした。

それから、空を燃えるような朱に染《あか》め上げた夕焼けも見ました。そう、それは茜《あかね》で染めた朱、あるいは緋《ひ》と呼ばれている色に似た、この世では見たこともないみごとな色でした。

眼下に垣間見えていた地上の景色は、私がもっとしっかり見ようとか、もっときちんと見なければと思えば思うほど、悲しいことに混沌としてしまうのでした。

そのことによって、不安に思うとたちまち消滅してしまうことを思い知らされ

るのです。だからといって、私は不安に打ち勝てたわけではありません。かえって、

「ああ、ここは思いの世界なのだ。だめだと思うと、そうなってしまう」

と不安にかられ、焦りでおどおどしてしまったのです。

まさしく、そのときです。西郷先生がすかさず声をかけてくださったのです。

「あなたたちには、今必要なエネルギーが不足しているのです」

それは、西郷先生からの助け船でもあり、その言葉とともに白、紫、明るいブルー、若草色、金、黄色、緑の美しい夢のような光線を、ゆっくりたっぷりと浴びせてくださいました。

悠一郎先生も体調が整わず苦しんでおられましたし、私も胆石症の手術をしたばかりでしたので、おかげでエネルギーが力強く体中に満ち、幸福感と感謝の思いでいっぱいになりました。

それと同時に、悪いものは、自然に足の方から抜けていく気がしました。これで、かなりエネルギーを補充することができたはずです。悠一郎さんの病も、必ず癒されていくはずですと、そのときお聞きしています。

そのとき、眼下に広がる景色は金色に輝く田園風景でした。小人の国のように

見えるその景色は、木々の緑まで金色に輝き、とても不思議な、荘厳なまでの美しさでした。この世では、とても味わうことのできない透明感のある景色でした。
これを書いている今も、天上界で味わった幸福な満ち足りた思いは続いています。その素晴らしい霊天上界の存在を、ぜひ皆様にお知らせしたいと心から思い、ここに記しました。

合掌

井上トシ子守護霊様　２００２年11月11日　15：30―16：50

――守護霊様、私との対話をお願いします。

はい。

――まず、今の私をどう思っているのか、これからどうなってほしいと願っているのかをお尋ねします。

今の状態を見ていますと、まだまだです。本来のあなたの意識に遠くおよびません。あなたの場合、真理に目覚めてまだ一、二年ということを考えますと、他の人たちに比べれば、本当にびっくりされるほどの目覚め方でしょうが、本来の姿にもっともっと近づいてほしいと願っています。

それには、日々の反省、感謝や祈りをもっと丁寧に行うことです。あなたのそれは乱暴です。もっと深く、もっと愛をこめて、もっと真心からすべきです。

そしてもう一つは、霊信を受ける際の心構えです。感謝して喜んで愛の固まりになって、世のため人のための霊信なのですから、純粋に素直な心になってという指導霊様たちの念いを、そのまま受け入れてもらいたいと思っています。

言い訳をしたい今の思いはわかっているつもりです。しかし、これが今生《こんじょう》のあなたの使命です。あなたのというか、私たちの使命ですので、厳しく申します。

毎日毎日の心の持ち方のチェックを怠らず、霊信を果たしてください。謙虚な気持ちで、愛の固まりになることです。これを完全に見失ったとき、捨てたとき、あなたとしての今生の生命は終わりです。ということは、これは死ぬまで続けていくというお役なのです。

厳しすぎるとは思っていません。自分で決めて降りてきたのですから果たすのです。きちんとできるかぎりの努力をすべきです。

妙に厳しいと思っていますね。

いいえ、後にも先にも私は申し上げません。決して忘れることのないよう申し上げます。あなたはこの頃少し甘やかされすぎています。あなたは甘やかされるとすぐにいい気になって、どんどん怠けます。自分を厳しく律しなさい。そのような日々では、もとの次元に戻れません。お願いしておきます。

霊信。

真理の学びのための読書、研究。

人様への奉仕。

日々感謝、反省、祈り。

日常生活を律することはもちろんです。そのためには、周囲に多少の無愛想と不義理をせざるをえなくなるかもしれませんが、いたしかたないのです。どちらが大切かをきちんと知るべきです。

――この転生において、私の解消しなければならないカルマとは何なのでしょう。

大きく言っていくつかありますが、一つだけ申しましょう。まず、このままでは問題が残ってしまう劣等感の克服でしょう。

あなたの生き方を振り返ってごらんなさい。ずっと劣等感からくる自己否定がありました。学校を卒業したあとの進路を決めたあの決め方、絶望に近い心境ではなかったか。最もやりたくなかった仕事を選びましたね。

結婚を決めるとき、自分でも信じられないほど最低の条件の人を選びましたね。生活環境も、他のどん底の人たちに負けない環境を選びました。決して自分を甘やかさない、甘えられない環境を厳しく選んできました。どんな劣悪な状況をも自信に変えてきたのです。ようやくここに来て、悠一郎先生との再会を果たしたのですから、あなたは厳しく自分を律する生き方をすべきなのです。生活を律することと、心をのびやかに明るく生きるということを、両立できなければ本物ではないのです。だらだらと生きることが自然体なのではありません。リズムをもって、軽やかに生活のパターンを作っていくことです。

その点、一つに絞って霊信を見てごらんなさい。一時間以内ですべてきちんと納まっています。なかには例外もあるでしょうが、指導霊の方々は、みなさんそうしてくださっています。だらだらしてはおりません。

そのように、リズムをもって生活していかないと体をこわします。自分を律することが大切です。体をこわしては、他人様のお役に立てません。このままではいけません。リズムをもって、生活を変えていくことです。気分の上手な転換を図れと言っているのです。廃人となる可能性大です。

歌もよいでしょう。ただし、負担にならない程度のものにしてほしいと思います。できれば、講師は断るべきです。今生の最終目的を考えるべきです。

友人付き合いも、ストレスになるほどの無理はしないことです。無理をすることは不必要です。人との遊びの付き合いなども卒業です。これからは、自ずから選ばれた波長の人が寄ってくることになります。臆せず堂々と交際すべきです。

こんな強い口調では、おそらくもう二度と申し上げることはないでしょう。あなたにとって、自分には厳しすぎるということはありません。他人には優しすぎるくらいでちょうどよいのです。守護霊としての欲張りかもしれませんが、本来の魂に一歩でも近づくことが、悠一郎先生へのご恩にお応えすることなのです。精進願います。

合掌

小川悠一郎守護霊様　2002年11月12日　11：00―12：00

小川悠一郎守護霊です。

――先生の守護霊様にはいつもお世話になっております。ありがとうございます。感謝しております。

本日お出ましをお願いいたしましたのは、ご存じかと思いますが、小川悠一郎守護霊様としての念いや指導霊様たちのお気持ちをお話し願えたらと思ったからです。

はい、わかりました。私は彼の守護霊として、きわめて厳しく辛抱強く悟りの道を極めるために、ともに進んでまいりました。

彼の環境というのは、いうまでもなく神の道を進む者にとっては大変な場所であり、決して上等な魂の持ち主ばかりに恵まれた環境ではなかったことは、周囲の今の様子を見てもよくわかると思います。

彼の苦労は誰の目にも見えないところのものであり、当然自分一人で背負わねばならなかった苦悩でありました。目に見えるような小さな苦しみは、とっくに卒業している魂であり、本人も自ずから精神性の高いものを目指していますから、まわりとのギャップに苦しむことで、今までの大半を終えています。

人が前に座《ざ》せば、自然と法を説くことができ、力強い言葉で、生きた言葉で説法をし、人を導くことのできる魂です。悟りの低い者の説法には、言葉に力がないのです。

真の悟りを知っている者の言葉には、愛のエネルギーがこめられていますから、人を感動させる強い力が出てくるのです。彼にはすでにその悟りがあるのです。さまざまな愛を体験し、学び、人様にそれを説いていかねばならぬ立場としての苦しみがありましたが、今の悠一郎は落ち着いています。さまざまな苦しみから得た学びが、彼の悟りをいやが上にも高めました。多少慈悲魔ではありますが、このままで進んで行くことには、何の不安も不足も感じてはおりません。

指導霊様たちの思いを十分理解できている魂ですから、何の心配もなく、私の思いなども、自分そのままの思いでいいと申し上げたはずです。

ただ一点、急ぎすぎて突っ込んでいくと、必ずどこかに無理が生じるということです。この活動は、急いでも無理をしても、結局はよい方に向くとはかぎらないのですから、決して急いではならないのです。

それよりも、一日一日の種まきです。地道な活動を選んだのですから、堂々とその道を進むのです。にぎやかな表街道ばかりが素晴らしいのではないことをよく知っているのですから。裏道にこそ真から救いの言葉を待っている者たちが大勢いるのです。

一人ひとりとしっかりと手を握り、愛の手渡しでいいのです。それが今生のお役目そのものなのです。

この一年の流れを振り返ってみたとき、すべてがプラスの可能性を感じさせるものでした。これからが始まりと信じきり、神にお任せの強い信念を忘れないでほしいと願っています。

合掌

直感超能心音法

人も動物も　予知能力の持主
生まれながらにして　超能力の持主

宇宙本体から　あるいは　太陽から
送られてくる幽子《エーテル》　送りこまれる感超音波
生物は直感によって　心音によって
それをキャッチし　感知する　行動を起こす
人も　これに「感ず」いたら即ぐ　発動せよ

直感　超能力は
誰にでも　備わっているもの
生まれながらにして　与えられているもの
人は天より　これを賜《う》り
人として　生を授けたときから
これをもって産まれ　その叡覚は
磨けば磨くほど　そこに鋭さを加え
輝きを　増すものなり

人は本来　素直なり

すなおこそ　真《まこと》のすがた
学問や科学　その他
人の世の摩擦によって
純がうすれ　鈍り
妬み　怒り　恨むなど
不自然心音は　巷を横行し
乾いたこころ　一滴《ひとしずく》のなみだ曇り
世は正に　怠惰と便利さを
追い求め　精神《こころ》が浮足立ち
空間をさまよう　煤煙《すすけむり》の如くなり

エレクトロニクス結構
学問結構　政治結構　それが
人の幸福への赴《おもむ》きならば
おおいに結構。だが　しかし
人の心の底に眠る　純情の

清き聖なる　こころの水　これが今の世に　最も大切なり

「直感　超能力を深める法」

1　感ずると同時に　行動開始
2　自我意識を捨て
　常に　心を空《から》にする
3　わがままを捨て　すんだ心を保つ
4　常に　人の世の幸福を願い働く心

この心音　この心がけ　この思いが
直感を呼び起こし　超能力を発掘し
育て　養い　不動にするなり
超感覚は人の世のために　正しくあれ
不純心音多きは　雑念に変じ
直感　超能力は鈍るなり

文明の利器を　創るは人間
物質《もの》に　生命を吹き込み
生かすも　殺すも人間なり

雑念を捨て　乱れを明日にもちこさず
聡明　愛和
とらわれの　心を消して
第六感を　働かせるとき
すばらしきかな超感覚
忽然と現るるなり

「感ずる」と同時に　スナオに行うは
成功の秘訣なり
機会《チャンス》は　満ち潮にあり
時間《とき》を逃すは　引き潮となり

そして　時間《とき》は　二度と戻らず
再び　めぐり合うことなきも人生
成功　不成功の鍵ここにあり
瞬時瞬間　その時その場
水あふるる如く　いっぱいに生きる
いっぱいに　満ちみちて
充実の色　そこに
満ちたたえたとき
人生は　大らかなる
鐘の音《ね》　響きわたるなり

注　ここでいう「直感超能心音法」とは、自分の潜在意識に働きかけ、心の窓を開き、守護霊および指導霊のインスピレーションを受けやすくするための方法です。ただし、自分の悪意、悪想念による直感は魔と通じ、不幸を招く憑依現象となりやすいので、ご注意ください。

「地球は意識体、人間は宇宙意識体だ」と、吉田松陰様

吉田松陰（一八三〇―五九。天保一―安政六）。長州藩士の次男として生まれ、山鹿《やまが》流兵学師範・吉田大助の養子となる。一一歳で藩主に『武教全書』を講じ、江戸に出て佐久間象山に入門し、アメリカへの密航に失敗して投獄される。このとき、囚人に孟子を講じて獄内の気風を一新し、教育者の資質を発揮。出獄の後、外叔の松下村塾を受け継ぎ、久坂玄瑞、高杉晋作、伊藤博文、山県有朋などの弟子を育てた。

一八五八年に、幕府が勅許を得ず日米修好通商条約を結んだことにより、反幕府の言動を強め、老中暗殺の血盟を結び、翌年一〇月に安政の大獄を強行した幕府により、死刑に処せられた。

吉田松陰様1　2003年11月2日　15：30―16：20

ほう、あなたが私の話を聞いてくださるんですか。それは面白い。私はいろいろ知りたがりでしてね。あなたがどのようにして、そちらの人々に私の話を知らせていくのか、知りたかった。ほう、そうして筆記するのですか、なるほど…。

――お出ましありがとうございます。井上と申します。世のため人のためにと、たくさんの霊人の方々からお話を伺っております。

どうぞ松陰先生もお話をお聞かせください。

何をお話しいたしましょうか。難しいことを申し上げてもわからないでしょうし…そうですねえ。

――私たちは霊界の存在、転生輪廻の真実、永遠の生命をもつ魂の進化の目的、心の持ち方などについて、世の人々にお知らせするために、悠一郎先生とともに、懸命に霊信を聞き取り、その霊信をいまの世人たちにお伝えする奉仕をさせていただいています。

「心の寺子屋塾」による小川悠一郎の世界のすべてを、世の人々に問うために始めたのですが、展開がイマイチです。松陰先生の塾にヒントをいただいて思いついたのですが……。

おお、それはまた面白い発想ですなあ。実に大きな理想です。

いま、日本の人々は、そんなことを考えなくても、知らなくても、のんびり豊かに生きていきますからね。食いつかないでしょう。なんのことやらチンプンカンプンという人たちばかりでしょうから。教育の大切さは、私が身をもって体験してまいりましたので、よくわかっております。私の時代の若者たちは、情報に飢えておりました。

教育を受ける機会にも恵まれませんでしたから、紙に油を染み込ませるように、実によく学び、またそれをよく生かしました。しかも、彼らには勇気があり、素晴らしい人間へと育てることができたのです。わずか数年で、明治維新の柱となっていく者たちが、私の塾から巣立っていきました。

彼らが、新しい日本をつくっていくために、どれだけのエネルギーとなったことか。ですから、教育というものは、決しておろそかにはできないものなのです。

いま、平和に慣れてしまった日本では、教育がなおざりにされています。いまの教育は、金太郎飴です。同じ顔をもち、同じような味付けの人間が、大量生産されています。どんどんつまらない大人だらけの世の中になっていきます。何の思想ももち合わせず、自分だけよければ他のことなど省みない、まして日本のことも世界のことも関係ない、無関心型の人間が大量にできてしまっているのです。

それは、心の教育がなされていないからです。しかも、生きた学問の教育がなされていないからです。字を読み、書き、数字の計算ができて難しい理屈がわかるだけでは、真に学問をしたということにはなりません。自分の学んだ学問を、どう人のために生かし、世のためになるようにしていくかということが重要であり、それをやっていく心をつくっていかねばなりません。それが、人をつくる教育なのです。

大きな難題にぶつかり、たった一人でこれに立ち向かっていかなければならなくなったとき、実際に何かをやる前から、これはどうしようもないと諦める人が、ほとんどです。しかし、そうであってはならないのです。私のしたことをご存じでしょうか。

私は、国禁を犯し、幽閉の身でありながら塾を開いたのです。もちろん、周囲の者たちの熱い要請があってのことですが…。それも、閉じ込められてわずかな月日のうちに、です。そんなことだってできるのです。

思いが火のように燃え、世のため国家のためという思いがあれば、不可能なことなどありません。そのことを、私は身をもって教えました。個性を重視し、友情を育て、分け隔てなく働く大切さも教えました。
たとえ弟子が一人しかいなくても、生徒が二人であっても、全身全霊で、惜しみなく、自分にある知識や心のあり方すべてを与えなさい。そうして人を育てなさい。たとえ穏やかな、誰にでも好かれる人格の持ち主であっても、学ばせる姿勢は、凛とどこまでも厳しくあるべきです。学ぶ人は、何かを成し遂げる火のような心構えこそが大切であり、師を超えていかなければならないということを、実は知っているのです。

——ありがとうございました。合掌。

もったいない

食べること

ぜいたくすること

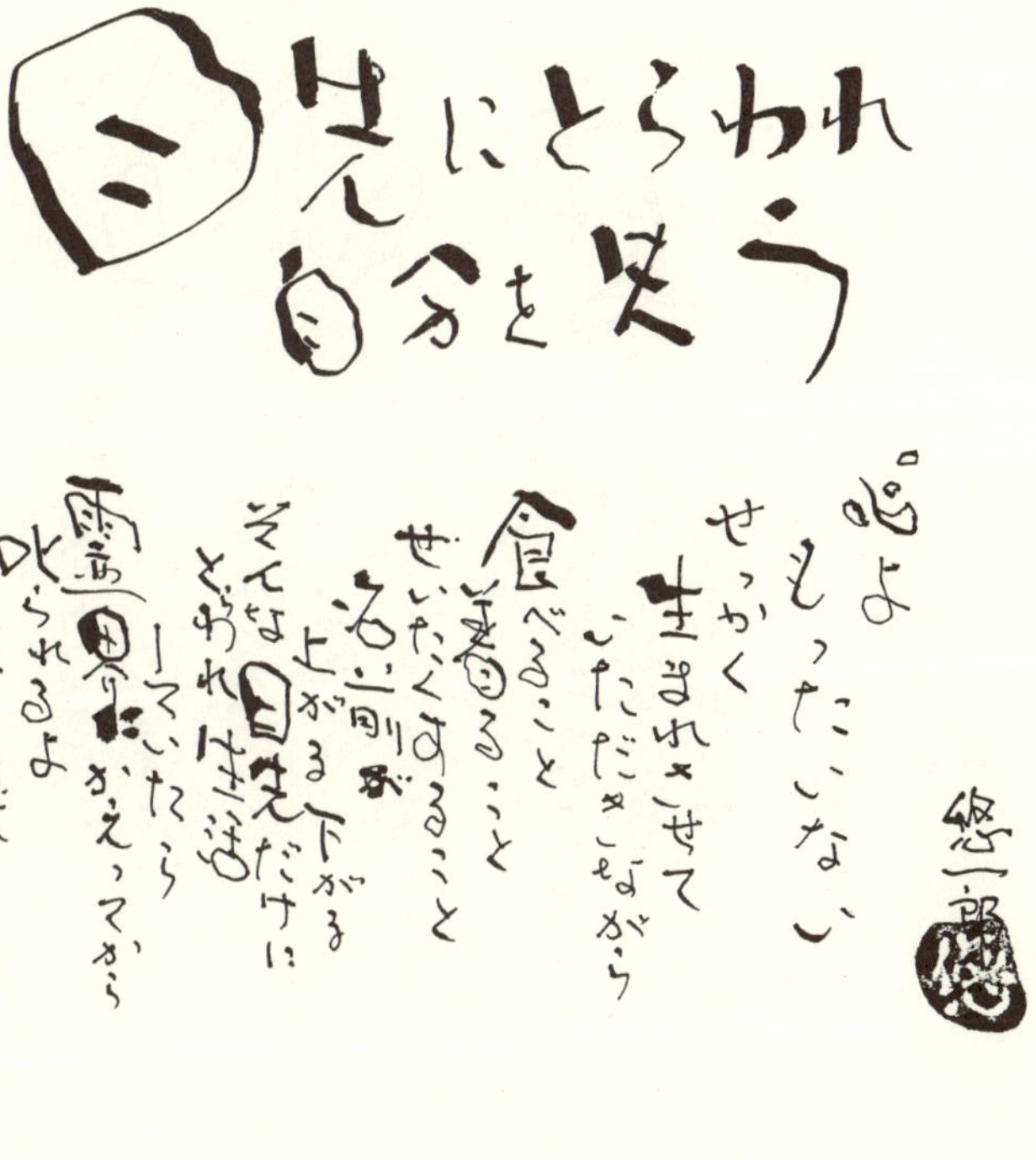
上がる下がる
そんな目先だけに
とらわれ生活
叱られるよ
じぶんが誰か忘れ
なんのために生まれたのかって

目先にとらわれ

『心よ』は、宇宙法則を綴った「詞華集」。巻末には、こんな悠一郎先生の書も収められています。

安心

悠一之

安らぎで
みたしなさい
安心とは
神にまかせて
こころ安らぐこと
心よ
世のなかのシガラミを
あまり食べすぎては
魂がケガレテしまい
ます
地上のことは半分
もっとやすらぎを
大切にしなさい

心の借金
心の貯蓄

なんにも
しんぱいいりません
心よ
あなたが
心でほどこした
あなたが心から
慈しみ
蓄積された
心の貯金財産は
天上界の魂の貯蔵庫
で金色にかがやいて
保存されていますヨ

悠一郎

吉田松陰様2　2003年11月3日　16：50—17：40

——吉田松陰先生、引き続きお願いいたします。

おお、そうですか。私でよろしかったらお話しさせていただきましょう。難しい話は苦手だと思っておられるあなたが、困らない話にしましょうね。

——はい、本当に私は無知でございまして、教育や学問をどうするかなど、そういうものはさっぱり見当がつかないので、よろしくお願いいたします。

今日は、私の師・悠一郎先生がぜひ松陰先生にお伺いしたいことがありまして、お出まし願いました。質問がいくつかありますので、はじめに質問の要点のみ申し上げます。

霊的世界から見た日本の教育者のあるべき姿、地球が一つに、平和になるための世界教育はどうあるべきか、親の子に対する教育のあり方は、根本的にどうあるべきか。

これらについて、世界の意識改革を視野に入れたうえで、吉田松陰先生のメッセージをご教示ください。

質問をしながら、ため息をつかなくてもよろしい。一般の主婦がこのような難しい言葉で、教育について語り合うなどということは、ふつうならばないでしょう。そのため、ため息が出たり、頭が痛くなったりするのはわかりますが、大丈夫ですよ。あなた自身が回答を出さなくてもよいわけですから、安心していてください。

簡潔に申し上げましょう。

教育というものは、相手を信じること、そこから始まるといっても過言ではありません。人には必ずよいところがあり、人より優れているところがあります。そこを認め、その芽を伸ばしてやることです。また、人はそれぞれ歴史をもった魂であるので、くれぐれも画一的にならないように。

家族においては、親は子をどこまでも信じて愛し、子は親を敬い感謝し孝養を尽くす。そのようなことは、この時代に古いとお思いでしょうか。

神仏の分御霊《わけみたま》であるということを信じ合い、どの魂も進化向上をめざすものであるということを知っていれば、何の不都合もいらぬはずです。必ずもっているよい芽を伸び伸びと育て、助ける役目をする者が、教育者です。

美しき星・地球そのものが、平和で愛に満ちた理想郷になるため、永遠の進化をめざす力強い意識体です。また、人間一人ひとりが、魂の進化向上をはかるために転生輪廻をする宇宙意識体です。このことを知れば、すべての偏見も取り払うことができ、なんのこだわりもなくなるでしょう。

美しい刺しゅうをほどこした手毬《てまり》が、ポンポンとはずむ。しなやかに優しくついてやれば、必ずや毬は楽しげに軽やかに応えてくれるでありましょう。ときには手が外れてあらぬ方向へ転がることもありましょうが、それもまた楽しみなものです。人には、ゆとりも遊びも大切なのですから、外れることによって、脇道を知り、さまざまな智恵を働かせることができるようになるのです。

枠にはめ込み、すべての子どもを金太郎飴のようにする教育が、日本のためになり、世界平和につながるはずがありません。全体的にレベルアップが大切だと思える地域や、そうせざるをえない時期もあることは確かです。しかし、いまの日本は、すでにそうした地域でも時期でもなく、次なるステップが求められているのです。

真の世界のリーダーとなるべき教育者を育てるためには、文字の読み書き、数字の計算だけに力を入れていてはだめなのです。大切なことは、愛の心をともなった、人としての心を育てていくことなのです。

そのためには、まず見聞を広げ、世界的視野を広げること、そして書を読むこと、いわゆる偉いと言われる立派な生き方をされた方々の書を読み、その方たちの生き方や考え方を学び、人の道の大切さを教えていただくことです。

どんなときもどんな環境にあっても、理想と希望をもって、真理に向かって、まっすぐに明るく生きていく。それが、幸福になる道であるということを、すべての国の国境を越え、教育の基本とするべきでありましょう。


――ありがとうございました。合掌。

「〝世界は一つ〟への地ならしを」と、勝海舟様

勝海舟（一八二三―九九。文政六―明治三二）。下級幕臣・勝小吉の長男。蘭学により西洋兵学を学び、軍艦操練所教授として、咸臨丸《かんりんまる》を指揮して太平洋を横断し、神戸海軍操練所を設立し、坂本龍馬ら脱藩浪士なども教育した。一時浪人庇《ひ》

口ひよよよ
魂ひ語
語ひ

悠一郎

宇宙時代到来ですヨ
地球は まだ
争ったり ケンカしたり
泣いたり ワメイタリ
欲のカタマリ
食べてるの！
異星人
リボンちゃんが
地球は 何万年も遅れてる
、えッテ！
、ひってたヨ

護《ご》のため免職したが、第二次長州征伐が難航したため軍艦奉行に復職し、江戸総攻撃の前夜に西郷隆盛と会見し、江戸城無血開城への道を開いた。
維新後は、旧幕臣の生活救済に努め、逆賊となった西郷の名誉回復に心を配り、枢密顧問官となってからは、清国との敵対や朝鮮への出兵に反対し、足尾鉱毒問題では廃山のほかはないと言い切った。

勝海舟様1　2003年11月4日　10：35―11：00

――勝海舟先生、お願いいたします。大海原を荒波に揉まれて進む船を見せていただいていますが、こんなふうにして海舟様は、日本の国使として初めてアメリカへ行かれたのですね。井上と申します。お話をお伺いしたいのですが。

そりゃあ、話をしろと言われれば話しますがね。たいして面白い話はありませんよ。あなたのこの霊信に出てくる人たちは、聞いてみると皆立派で真面目な人ばかりじゃないか。私のようなひねくれ者はいないね。だいたいひねくれ者は、こちらで幅を利かすことはできないのでね。肩身の狭い思いをしとるのですよ。

フッフッ、本当です。心美しく素直な方々ばかりのなかで、皮肉屋でへそ曲がりで名が通っているといえば、正直、肩身が狭いです。深く、深く反省しましたと言っておかないと…。なんたって神様に申し訳がたちませんからね。

今日は、何をすればいいのかな。私はあまりよい男でもないし、ただ維新時代に生きてきたというだけの魂ですからね。記事になるようなことも、特別にないでしょう。

私のことを大人物であったなどという人もいるかもしれないけれど、今考えてみればけっこう俗物でしてね。生まれが貧しい出なもので、貧乏性が身について、地位、名誉のたぐいには、正直申し上げて執着もしました。

それゆえ、周囲の誰にも負けずに、学問を身につけたかったし、正直言って、地位も名誉もほしかったですなあ。金がなければ何もできず、政治の力も指導力も思うようには発揮できず、ぐずぐずしている間に、魔に忍び寄られるというような思いでしたなあ。

ですから、学問を生かすにも、政治にも、人を育てる教育にも、ほどほどの金の力が事実必要であると思いますよ。生前の私には、本を買って読むのも苦しい時代がありましたが、本は唯一の知識を得る手段、情報を得る手段でしたからね。私は貧しくとも貪欲に本を読みました。

外国語の必要性を感じ、蘭学を学びました。それが国防意識を育て、開国論となり、明治維新につながっていったわけです。

……中断……

――中断をおわびします。よろしかったら、続いてのお話をお願いいたします。

言っておきますが、私は、勝新太郎ではないのです。勝海舟です。彼は、まだまだ修業の身ですぞ。頑張っとるでしょう。

あ？　え？　いや…ナニ、あなたが勝新太郎をイメージするから、こんなことになるのです。ハッハッハッ…。霊人の力をあなどってはなりません。お見通し。

イヤイヤ、私をユニークだと喜んでいただけたので、うん、こりゃ調子が出てきましたよ。龍馬さんとも笑っちゃったよ。龍馬さんは大変気のいいヤツでしてね。いつでも仲間なのね。

イヤ、そんなこと言ったって、あの人は偉い人ですよ。私のようないいかげんな人間とは、ちと違っていましてね。あの人は、いまだに世直しだ、理想だと飛び歩いていますが、まあ、彼ほどでもないですがね、いざというときには、「さて、私の出番かな」というところでしょう。

――都合により、終えさせていただきます。勝手で申し訳ございません。ありがとうございました。合掌。

勝海舟様2　2003年11月5日　21：40―22：20

あなたのその気持ちはよくわかるけど、勝海舟の世界を何でもよいからのぞかせてくださいって言われたって、「はい、はい、そうですか」とはいきませんよ。どこに入るにしたって、木戸銭ぐらいは払いますよ。え？　無いって？　それは困る。私はケチでしてね。タダでと言われて、ハイハイと引っ込むほど人間ができてませんでね。ハッハッ…無駄口たたいている間があったら、大切なことを話してくれっていう思いが伝わってきますねえ。そうですねえ、へらず口たたいているのも疲れますな。

――洗足池にお住まいだったのですね。現在大きな墓が残っています。

ああ、そうでした。江戸にはけっこう長く住んでおりまして、洗足池は好きでしたな。自然に恵まれていて静かでね。今でこそ住宅街になっていますが、当時はまだまだ山や田畑が多く、いたってのんびりしていました。

今は、ほしいといえば何でも手に入る時代になっているようですが、残念ながら、あのような大自然の美しさが残っているところは、東京中探してもなかなか見当たらなくなりました。人が便利さを求めて推し進めてきた生活や環境の整備などが、どんどん自然を追いつめていくのです。

だからといって、いまの人に何ももたない生活をしろと言っても、できるはずがない。地上に人があふれ、その欲と悪想念により、自然が破壊され、ますます地球の自然は失われていく。地球は病んでいる、苦しんでいる。

「人は、この地上を理想郷にするために生まれてきた」

大切なことは、青少年と言わず、この地上の一人ひとりが今すぐはっきりとこの事実を認めることでしょうね。そして、行動に移すべきなのです。

――今、人は遅まきながら気がついてはいるのです。なんとかせねばと思い始めているのですが、それが個人個人のしっかりとした認識となり、行動になってきてはいないのです。

どんな小さなことでもよい。一つひとつ個人が目的意識をもち、世のため地球のために行動する、その積み重ねが大切です。いまの時代は、私たちが明治維新に向けて生命をかけた国造りのときというのではないのです。「世界は一つ。地球は一つ」のすべての統一融合のための体制づくりと地ならしを、一つひとつ行動に移していく時期なのです。一刻も休まず、時は流れ、体制は形づくられていくのです。

――ありがとうございました。合掌。

「私たちも世直しだった」と、近藤勇様、土方歳三様

近藤勇様　2004年1月15日　10：35―11：10

近藤勇の霊でござる。何の用か。

近藤勇（一八三四―一八六八。天保五―明治一）。新撰組局長。武蔵国多摩郡上石原村の宮川久次郎の第三子。天然理心流・近藤周助の試衛館で剣法を学び、その養子となり、将軍・徳川家茂《いえもち》の上洛にあたり、同門の土方歳三、沖田総司、永倉新八らとともに浪士隊に加わる。

浪士隊結成を呼びかけた清川八郎らが、一転して尊攘派と結んだことにより、幕府から江戸への帰還を命ぜられたが、その後も京都に残り続け、京都守護職・松平容保《かたもり》のもとに新撰組を結成し、隊長となる。新撰組による尊攘派の取り締まりは峻厳を極め、一八六四年六月の池田屋事件の功績により、近藤は幕臣となる。

鳥羽・伏見の戦で敗れて江戸へ帰り、佐幕軍甲陽鎮撫《ちんぶ》隊を組織して官軍と戦うが、これにも敗れ、下総《しもうさ》流山《ながれやま》で降伏して捕らわれた際、大久保大和と名のる。しかし、近藤勇であると見破られ、一八六八年四月二十五日、幕臣（立派な武士）であったにもかかわらず切腹は許されず、板橋庚申塚の刑場で斬られ、首は京都三条河原にさらされた。

――さっそくのお出まし、ありがとうございます。井上と申します。お話をお伺いできるでしょうか。

なんの話か。

――私たちは世のため人のために、霊界のたくさんの方々から、お話を伺っております。よろしいでしょうか。

ああ、たいして面白い話はできないかもしれないが……。よかろう。「暗い人だなあ、なんだか偉そうにしているなあ」って思っているな。それから、「ろくなヤツじゃなさそうだ」なぞとも思っているな。

いや、いや、わかる。いくら慌てて否定しても、はっきりと心の中が読める。

――いえ、その…失礼いたしました。申し訳ございません。はっきり申し上げまして、新撰組という組織が好きになれなくて、そこの「鬼の局長」との顔をもつあなた様ともなると、イメージが、かなり強烈でして…。

無知な私などは、文字通り、表面意識でとらえておりまして、本当に申し訳ございませんでした。よろしかったら、お話を続けていただけないでしょうか。

ああ、こんなことは、なんでもないことである。ほとんどの人が、(私のことを)血も涙もない、卑劣極まる人間であったと思っているだろうから。しかも、そこのところは、自分でも納得できるところであり、いたしかたない。

私も人の子、また妻子もあった身の上、役目とはいえ、鬼のように蛇のように嫌われ生きていくのは、楽ではなかった。だが、人を束ね、あの激動の時代に、志をもち、生きるには、いたしかたないことであった。

斬られる方が勤皇の志士ならば、斬る方も世直しの志士であった。当時の日本は、長いあいだ鎖国を続けておった。その国を一つの殻のなかに閉じ込めて支配するという国策から、人々を解放し、自由な国家にしていくための道程が、幕末維新であった。私もまたそのための重い役目を担った一人であったと理解していただきたい。

鎖国はもとより、人々をがんじがらめに縛った厳しい身分制度は、いかようにしても解放すべきであった。それがなければ、国も人の魂も、もうあれ以上には前へは進めなかったからである。その大きな変化をともなう大荒れの時代を、私たちは選び、精一杯生きたのである。

しかしながら、いくら役目とはいえ、その当時の人心を震え上がらせ、縮み上がらせた私の魂は、決して調和されたものではなかったであろう。だがそれは、ありがたいことに許されるものであったのだ。そのことに、私は気づいた。

おわかりか。

真に世のため、人のために、真実の道を貫いていったればこそ、それは許されることであったのじゃ。

そんなバカな、と思われますか。

あの時代を経てこそ、新しい時代、新しい国家が築き上げられていったのである。あれほど大きな転換であるにもかかわらず、外国《とつくに》に比べれば、死者の数は、はるかに少ない。わが隊員の多くも、無駄な斬り合いの果てに、空しく死んでいったわけではない。

——はい、よく理解できました。これからは（私のなかの）新撰組のイメージも変わることと思います。いまも、その当時のお仲間とご一緒ですか。

いやいや、それぞれであり、一緒ではない。厳しい反省のあとに、農業を求めていった者もいたし、仏門に入った者もいると聞いた。皆、それぞれの方法で、静かに魂を癒しているのであろう。

しかし、再び世直しということになれば、いずれも血が騒ぎ、真っ先に飛び出す魂なのである。皆、そのような魂の持ち主であり、そこはいまも変わってはおらぬ。

――いまどのようなところにいらっしゃるのでしょうか。そして、何をされているのですか。

何もしておらぬ。ボーッとしておるだけだと申したならば、そちらの人は、えっと思うであろう。天上界の人々は、皆目的意識をもって忙しく、人のために真心を尽くし、生きているはずだと、言われるであろう。

だが、私はまだボーッとしているのである。それだけ私には、魂を癒す年月が必要であったということである。

――ありがとうございました。合掌。

土方歳三様　2004年1月9日　10：00―11：00

土方歳三（一八三五―六九。天保六―明治二年）。新撰組副長。武蔵国多摩郡石田村に生まれ、近藤勇と同郷でともに天然理心流・近藤周助の門弟。近藤らとともに浪士隊（のちの新撰組）に応じ、一八六三年（文久三）春に上洛。京都守護職・松平容保のもとに新撰組の結成に参加し、尊攘討幕《とうばく》運動の警戒にあたる。初代局長・芹沢鴨暗殺後、近藤勇が二代目局長になると副長となり、新撰組の組織強化をはかる。

病気の近藤に代わって隊を指揮した鳥羽・伏見の戦に敗れて江戸に逃れ、甲州勝沼で官軍と戦って敗れ、近藤勇捕縛後は幕府の主戦派に合流した。その後、幕府の主戦派とともに、宇都宮、会津などを転戦し、仙台から北海道・箱館に逃れ、榎本武揚《たけあき》の指揮下で抗戦し、一八六九年五月の五稜郭の戦いで流れ弾に当たり戦死。

――お出ましありがとうございます。私は井上と申します。いま、地球ユートピアのために、世の人々のために、たくさんの霊人の方々からメッセージをいただいております。あなたさまからも、お伺いできれば嬉しいのですが。

私は地上の人々にメッセージを送るというような、そんなたいそうな者ではないので、いささか困惑しておる。いや、嬉しいことは嬉しいのだが。

鬼の新撰組のメンバーとして、恐れられ、嫌われたので、暗い心がしばらく私をとらえて離さなかった。そのため、死後にも、自分の心を偽って生きなければならない苦悩の日々が続いた。

旧体制を守る立場に立たされてはいたが、私もまた新しい日本を生み出す役目を果たすつもりであった。霊的には、世直しの一人として、その役割を果たすつもりであったのだ。表面だけをみれば、新国家建設の理想に燃える面々を斬っていたかのようにはみえたが……。新撰組とは、人斬りの集団ではなかった。薩摩・長州・土佐などの血気にはやる反体制の無法の輩、世を乱す輩を取り締まる、今で言う警備、警察の役目であった。

――私は、申し訳ないのですが、どういうわけか子どもの頃から新撰組が好きになれず、テレビ番組も小説も見たり読んだりしてきませんでした。ですから、正直申しますと、あなたさまのこともまったく何一つわかっていないのです。
面長の優しそうなお方ですね。とても柔らかい感じが伝わってきています。先ほど、本心と建前が違っている日々が、とても苦しかったとおっしゃいましたが……。

人を斬るということがどういうことか、あなたが理解できていないのは無理もないが、どんなに大義名分があろうとも、幕府のお墨付きがあろうとも、人を斬って気持ちのよかろうはずがない。しかも、考え違いをしていたところもあるが、将来を夢みる前途有望なる若者たちであった。用い方次第では、日本にとっても大切な人材となったはずである。それを次から次へと斬っていかざるをえなかったのだから、どれほど自分が殺された方がましだと、人知れず苦しんだことか。許してくれと詫びたことか…。

——ああ、申し訳ございません。苦しいことを無理にお話しいただいてしまいました。いまはどのようにお暮らしですか。

平安の日々である。いまの私には、あの当時がとても遠く、遠い遠い思い出のような気がしている。いまは、俳句や和歌を楽しみ、詩などもつくり、大自然との調和に浸っておる。

いまにして思うことは、人の魂というものが、いかに闘争に向いていないかということである。短い生涯ではあったが、私はよい修業をさせていただいた。

――近藤勇という方がおられたことを、いま思い出したのですが、この方はご一緒ですか。

こちらに来てからは、お会いすることはなく、いまも一緒ではない。とてもお世話になったが、あの方にはあの方に一番合った心休らげる場所がおありになるのでしょう。

――土方様の子ども時代は、やがて新撰組に入られるくらいですから、元気な腕白坊やだったのでしょうか。

いや、兄よりも姉の方が好きで、姉を母のように慕ってくっついていた。どちらかというと線の細い優しい子どもだった。奉公に出されても、いやでいやですぐに帰ってきてしまい、兄たちを困らせたようだ。要するに、甘ったれな子どもだった。
人は、どう生きて、どう死んでいくか…。あとになって、すべての方々が、大変な人生ドラマの主人公に出会ったことに気づく。主人公をどう演じきるか、のちに後悔することのないような、心豊かな、己に恥じることのない人生をまっとうしてほしいと願っている。
自分を偽り生きた苦しさを、私はいやというほど知っている。これからの青年たちは、自分の心にまっすぐに、高い志をもって生きていってほしいと願っている。

注 天保六年（一八三五）に生まれた土方歳三には、母・恵津、長兄・為次郎（23）、次兄・喜六（16）末兄・大作（7）、長姉・周（12）、次姉・のぶがいた。父・土方隼人義諄はすでに逝去していた。

――ありがとうございました。合掌。

地球は愛の星となる

悠一郎

2000年に私にインスピレーションで
知らせがあり 坂本龍馬氏
第一報の霊信が開始されました
それは私にとって衝撃的とも云える
事件に ふさわしいものでーした
私がキャッチし 井上トシ子さんが
聴くというたいへんスリムな
二人三脚です
2004年二月現在四〇〇回近くに及ぶ
天上界通信です そして
いよいよ宇宙界 星・星人との
交信 幕開けのゴングが鳴らされた
ところです

「今は世界中が戦争反対を叫ぶとき」と、坂本龍馬様

坂本龍馬（一八三五―六七。天保六―慶応三）。高知城下の町人郷士の次男。土佐勤王《きんのう》党に血判加盟して尊攘志士として活躍を開始したが、脱藩後に幕臣・勝海舟の下で近代航海術を学んだ。勝海舟が幕府内で失脚した後は、薩摩藩に接近し、薩長同盟を結ばせ、亀山社中および海援隊を組織し、後に大政奉還論へと発展する中央集権的な統一国家を構想した（船中八策）。

その構想の実施に取り組んでいた一八六七年（慶応三）十一月、京都河原町の近江屋にて、幕府見廻組に暗殺された。

坂本龍馬様1　2002年4月26日　10：50―11：40

おお、呼んでくれたか。

――はい、ありがとうございます。悠一郎先生とは龍馬先生のお話をしょっちゅう

させていただいています。お聞きでしょう。本当に頼りにしています。本日もよろしくご指導お願いいいたします。

よしよし、二人の話はいつも聞いている。いいねえ、ほのぼのするよ。大笑いしちゃったりさあ。いいよ、嬉しくなるよ。

――さて、六月は町田、九月は武蔵野公会堂でと、悠一郎講演会を計画しているのですが、これでいいかどうかお伺いいいたします。

いいです。上等です。思った通りにやってくれれば。悠一郎さんは、インスピレーションを感じてやってくれているわけだし、われわれのメッセージをしっかり受けてくれるから、とても助かる。やりやすいんだよ。でも、霊言集がねえ…。出版社が決まらないって…。そんなに急ぐことはないのですよ。その時期が必ず来るから。心当たりがあれば、できるだけ当たっておくのもいいかもしれないけど。

今こそ、こういうものを読んで、少しでも意識を変えていかなければね。大切な時期だからこそ、一生懸命なのにねえ。ご苦労ですが、どんな形でもこれを世の人々に読んででもらえるようにしてほしいと願っているのです。

——天上界の計画に沿っていきたいのですが、この霊言集に登場していただく人たちを増やしていった方がよろしいのか。あるいは、すでに登場していただいた数人の方たちのお話に、厚みを加えていった方がよろしいのでしょうか。

話を聞き始めると、きりがないからねえ。話したい方は大勢いるけれど、幾人か話を聞いてみて、そのなかからこれぞと思われる人を数人選び出し、それに膨らみをもたせるやり方がいいと思うけどね。

——その都度、感じたものをお伺いしているわけですが、今の世のため人のためには、とくにどんなことをお聞きしていけばいいのでしょうか。

どうして心の持ち方が大切なのか。どうして愛が、心がと、私たちがしゃかりきになっているのか。それが自然に解明できるような質問のしかたがいいねえ。一つひとつ具体的に示していくか…。大霊界のことも、興味あるだろうから、そのことも織りまぜてね。

転生輪廻について。

人の死とはどういうことか。

どうして信仰が必要なのか。

死後どういう世界が待っているのか。

守護霊、指導霊の働き。

大霊界の簡潔な説明。

魂の進化について。

幸せな天上界への行き方。

このように生きれば必ず地獄へ行く。

正しい反省と祈りのしかた。

こういった具体的な質問を、簡潔にどんな人にもわかりやすく、霊人の先生方に話していただいて、それをまとめるという流れはどうだろうか。


——はい、ありがとうございました。大いに参考にさせていただきます。これからの予定ですが、大霊界からのメッセージで、天上界の皆様の思いを伝えていくことを主流にしていきたいのですが、いかがでしょうか。

大霊界からのメッセージ。うん、いいねえ。血が騒ぐよ。ここにいる人たちも皆期待しているんだよ。悠一郎さんが、いよいよ始めるぞってさ。

反響が期待されるね。やれるだけのことでいいと思うけど、決して無理をせんでいいと思うけど、体も大切に使ってもらわないと。頼めなくなってしまうしね。もう少し、そちらで頑張っていただかなくっちゃ。

――ありがとうございました。合掌。

坂本龍馬様2　2002年7月6日　13：50―15：00

――龍馬先生、お忙しいところありがとうございます。今日も少しお話をお伺いしたいのですが、よろしいでしょうか。

はい、いいですよ。

――さっそくですが、天照様（天照大神《あまてらすおおみかみ》。高天原の主神で皇室の祖神）、弟橘様（日本武尊《やまとたけるのみこと》の妃の弟橘媛《おとたちばなひめ》）、老子様、卑弥呼様などの霊信をいただいておりますが、皆さん何か関連性があるのでしょうか。

卑弥呼様とのつながりは、あまり深いものではないのですが、天照様、弟橘様とのつながりには、大変深いものがあります。もちろん、老子様とのつながりも深いです。幾転生を繰り返してきた魂の歴史のなかで築いた深い絆です。もっともっと深い絆で結ばれている方たちもいらっしゃるのです。

――どのような方か、お話し願えるでしょうか。

私の口からは話すことはできないが、必要があればインスピレーションで届くことがあるかもしれないし、天上界に来てからということかもしれない。あくまでも必要があればということです。

――このたびの霊信をいただいているたくさんの先生方との関連性というものは？

（石原）裕次郎さん、（美空）ひばりさん、岸（洋子）さんなどは、こちらに来られて、まだまもない方たちです。この方たちの霊信を届けたのは、誰にもわかりやすく親しみやすい方法や手段を取りたかったからです。

大昔の歴史上の人物ではなく、誰でも知っている人を使って、話をしてもらえれば、世の人々の関心が向いてくると判断したからです。こちらでも、あの手この手で計画を実行に移していくのですが、なかなかうまくいかないものですなあ。

――龍馬先生と悠一郎先生との関連性についてはいかがでしょうか。具体的にお話し願ったことはないのですが…。

つながりはあるさ、あるとも。そうでなかったら、こんなにピッタリくっついて指導できるものではないぞ。

――私とのつながりもあるのでしょうか。お話しいただけたら嬉しいのですが。

そうだなあ。いつでもおまえは肝心なところに来ると、遠慮しているな。まあ、そこがおまえのよさでもあるけれど、ちょっと物足りないところでもある。

――はい、申し訳ございません。修業が足りず、お恥ずかしいばかりです。どうぞ具体的にお話しください。

あっ…、誰か血を流して倒れていますが。立派ないでたちの方…、そばに立っている男の人がいますが。わかりません、どういうことなのでしょうか。

恐るるにあたわず！　心を鎮めよ、見つめよ!!

――ヨーロッパ…、夜…、軍人…、血を流して倒れている人は誰ですか。初老の貴婦人が、かがんでうろたえていますが…。立派な屋敷をもって、裕福に暮らしていた初老の夫婦と息子…。血を流して倒れているのが（私の）夫、すなわち龍馬様。うろたえている婦人が、龍馬の妻すなわち（井上）トシ子。呆然と立っている若い男の人が、息子すなわち悠一郎先生。…こういうつながりなのですね。

でも、どうして夫は血を流して倒れているのでしょうか。

注　坂本龍馬の妻が井上トシ子であり、その子どもが小川悠一郎であったことが、ここで明らかにされている。

毒殺されたんだ。血を吐いて死んだんだ。もちろん外部の人にだ。やはり私は、社会改革の先鋒というか、そのようなことをするのが好きな魂なんだなあ。反対する立場のものに抹殺された。それを見ていたのは悠一郎さんだ。彼も私と同じような思いは抱くのだが…。血なまぐさいことになると逃げる傾向があってね。これなどは、強烈な魂の経験であったろう。まだ幾度か一緒に修業しているんだけどね。まあ、魂の兄弟さ。

おまえは…といつも言ってしまうけれど、私と夫婦であったときもあったのさ。

――私が？　…えっ、この私がですか？　どんな奥さんでしたか。

そうだなあ、まあ、信仰心が篤く穏やかな女だったなあ。少なくとも今よりは品があってな、なかなかの人物だったよ。

――夫婦仲はよかったのですか。

まあまあだったろう、問題はなかったね。私が、まあ、言ってみればよい男であったからな。ハハハッ…。

――そうでしたか。どおりで、龍馬先生とお話しするときの安心感というのは、他の人とはちょっと違っていました。

さて、その後、この私の息子はどのような人生を送ったのでしょうか。

あのときは、すでに軍人になっておったから、そのまま軍人で終わったね。彼にとっては、相当きつい修業をさせられたようだ。

――この世の修業が終わり、死ぬことについては何の未練も不安もないのですが、死んだら私たちは龍馬先生のところに行けるのでしょうか。

油断をしちゃいかん。死ぬ間際になって、地獄に向かってしまうこともある。しかし、恐れてもいかん。日々を神の御心に向かい進むことだ。おまえは反省を忘れるな。

——はい。悠一郎先生は立派な方ですから、すぐお帰りになられるでしょうが。私は本当にこの通りの人間ですから、心配です。

ほら、その不安がいけないのだ。何も案ずることはない。悠一郎さんについていけばいいのだ。何も怖がることはない。

——悠一郎先生は、詩に音楽に、すばらしい宇宙の美に向かって進みたいと夢をもっておられるのです。私としては、どうしてさしあげたらいいのでしょうか。

夢はいつでも大きくもたなきゃ男じゃないさ。悠一郎さんのよいところはそこなんだ。いつでも夢をもち続けていられるように、その夢を大切にしてやれるようにするのが、おまえの役目じゃないか。

そんな難しい顔をするな。大丈夫だよ。いつでも大勢の指導霊の先生方がいらっしゃるのだ。皆、悠一郎ファンであり、おまえのファンでもあるのだ。指導霊とは、そのようにつながっているものなのだ。

――はい。龍馬先生に「地球理想論」というようなものがあるのなら、ぜひお聞かせいただきたいのですが。

地球理想論か…。本当ならば、もうこんなちんこい地球で、こせこせごちゃごちゃやってんのはつまらなくなってきたところでね。もうこのあたりは誰かに任せて、新天地を求めて、違う宇宙に行きたいよ。そんなこと言いながら、けっこう指導霊ってのも嫌いじゃないらしくって、一生懸命になっているんだけどね。

まずは日本というか、地球世界の世直しをしてから、悠一郎さんも一緒に別の宇宙へ行こうや。楽しい美しい星へね。

――今日はありがとうございました。合掌。

坂本龍馬様3　2002年8月22日　18：10―18：40

よし、いいぞぉ。なかなか出番が回ってこないのぉ。わしゃ淋しいぞ。なんていうのは冗談で、元気が戻ってきたようで嬉しいよ。

あーあ、もう泣いている…。やっぱりニコニコしているおまえがいいよ。北海道旅行、行ってきたんだって？　そりゃあ、せっかく行くんだから、よいお天気のときに行かしてやりたいけれど、これぱかりはどうにもならないね。

すべての出来事が人生の学びであるならば、すべて受け入れ、自然心で明るく楽しく感謝して過ごすことができるだろう。どんなときにも、すべてが感謝であり、生かされている歓びに変わったときが、おまえの今回（の人生）の目的を果たし終えるときである。

自分という小さな殻は捨てよ。

表面意識に左右されるな。

反省を怠るな。

日々他人の幸せを願って生きておれば、自然に他のことはついてくるものだ。悠一郎さんに任せてついていけばよい。

そりゃあ、彼だって人間だから、いろんなことがあるだろうけれど、神に向かい、どんなときにも信じ合い、許し合い、感謝しなければならない。

悠一郎さんとあなたは、いま（の人生で）知り合った人ではない。二人の間には、気の遠くなるような歴史が存在するのだ。どんな人がどんな大鉈《おおなた》を用いても、断ち切ることのできない縁が、二人の間にはある。

だから、おまえと悠一郎は、神の願われた存在となって生きているということを肝に銘じなければならない。だからといって窮屈になることはない。自然な流れのように、おおらかに神に向かって流れていけばよい。

では、このへんで。


――ありがとうございました。今後ともご指導お願いいたします。合掌。

坂本龍馬様４　２００２年11月13日　10：10―11：15

――井上でございます。お久しぶりです。本日はまた、少し細々《こまごま》としたことなのですが、こちらのことをお伺いし、また先生のお話しされたいことなどをお話し願えたらと思っています。

よろしい、うん、わかった。しばらく話していないから、たまっているなあ。…なあんて言っても、話し相手がおまえさんだからな。お茶でも飲みながら話そう。

空が青いなあ、欅《けやき》の葉が色づいたなあ、なんて話が一番よいと思ってしまう。他に何もいらないいなあ。

しかし、そうも言ってはおられない。ええーっと…。

――はい。出版社のことですが、これまでの霊信をまとめ、いまの世のたくさんの人たちに読んでもらいたいと、悠一郎先生は望んでおられます。そこで、これまでに霊言集を出した出版社に当たってみたりしているのですが…。

霊言集というものは、小説のようにストーリーがあって、誰にでも面白く読んでもらえるというものではないし、いまは本が好きな人でも、買ってまで読もうという人は少なくなっている。全般的にそのような風潮であるから、格別にそのようなものに慎重な態度をとる出版社の思いも、もっともな話なのです。

とりあえずは、今はこのようなものということを、お互いに知らせ合うくらいの心づもりでよいのではないか。手づくりのものを、一つひとつ手渡しても、けっこう読んでもらえるのだから、それで十分です。

大阪講演は、いい雰囲気でした。あのようなものを、年にいくつかこなしていけるようになると、動きやすくなるのですがね。そういった悠一郎さんの言葉が、ため息のように聞こえましたよ。本当にご苦労さまでした。

そちらの様子が手に取るようにわかっていても、本当に具体的にはどうしてあげることもできません。コツコツと雨垂れが石をも穿《うが》つという精神力こそ望まれます。どうか、へこたれないでと願うばかりです。

私の生きた時代は、そりゃあもっともっと大変でした。世の中の仕組みそのものを大きく変えていかなければ、日本という国家はだめになってしまうということがあった。そこで、いわゆる世直しに燃えて、火の玉となって立ち上がる若者たちと、それをしっかり支える人々が一丸となり、純粋に国家のために生命をも差し出したのだ。今考えてみると、すごい人たちばかりだったんだなあと、あの時代が懐かしくなります。

今の時代の人々は、ぬるま湯にゆっくりと浸かって、皆さん殿様気分の方々ばかりですから、人を支配したい、楽をして得をしたい、自分だけ金やものを得れば、それで満足、それがすべての世の中ですからねえ。あの時代と逆なんです。

われわれの時代というのは、長いあいだ支配され抑圧され、自由を奪われていた人たちが、ようやく立ち上がった時代でしたからね。どちらの世のあり方も、問題は残るわけですが、どんな時代であっても魂は意識を高めんがために動いているのですよ。そしてそれは、善くも悪くも大きな流れとなり、時代というものを確実につくっていくのです。

法（法律の法ではなく、仏法などというときの法）を守る人たちというのは、いつ、いかなる時代においても、その灯（法灯《ほうとう》）を絶やさず、人々の心に温かい愛の灯を灯《とも》し続けていくこと、この一点です。悠一郎さんの奉仕活動は、この姿勢を続けていくことだけで十分なのです…。「遠慮して、そう言ってくださっている」と言いたいようですが、そういう単純なものではないのです。

いままで名を残してきた人たちの活動を、見てごらんなさい。コンピュータもマスコミも何もなかった時代の人たちのことを、考えてごらんなさい。それでも、ちゃんと残っているではありませんか。

真によいもの、人々にとって必要のあるものは、本人にその意志があろうとなかろうと、必ず後世に引き継がれ、残るものなのです。一時はもう絶え果てたかのようになり、振り向く人がいなくなったようになっても、後になって必ず発掘され、認められるものなのです。大丈夫です。心配しなくてもよいのです。いままで通りの説法でよいのです。『ユートピア讃歌』を歌い、説法をし、霊信を伝え、そんなにパッとしなくても、十分お役は果たされているのです。霊信も伝えられています。十分です。その人たちの口から口へと、霊界のこと、魂のことなどが伝わるものです。大丈夫なのです。十分です。感謝しています。

法を伝えるのに、世直しというほどの熱血漢が、今の時代に現れるはずはありません。二人は、われわれから見れば熱血漢コンビですよ。感謝します。

負担にならぬよう、無理にならぬよう、十分余裕をもちながらやってください。これからも元気溌剌《はつらつ》として生きていってほしいと願っています。

――ありがとうございました。合掌。

ユートピア讃歌～悠一郎先生との出会い

井上トシ子

私は商売をしていましたし、ずっと俳句の会にも入っていましたので、人と交わらないということもなかったのですが、心の底にはいつも地獄を囲っていたのでありましょうか。いつも涙がいっぱい溜まっている思いの日々でありました。

女の人に特有の体の変調期にかかってから、健康だけがとりえの私に、体調のすぐれない日々が続くようになり、一方、夫も病をいくつも抱える身になり、そのうちの一つ、心臓の手術のために廃業も止むなしという事態になりました。

夫の度重なる入院と手術、廃業の後始末等々、孤軍奮闘の末、夫の体調がどうにか戻った頃、私の体が言うことを聞かなくなっていました。寝たり起きたりで、最低限の家事をなんとかこなすだけで、スーパーにお使いに行っても、荷物をもって売り場をめぐることさえ不可能なありさまでした。かわるがわる体のどこかが具合悪くなってくるのです。大学病院で調べてもらっても、どこも悪いところはありません。病院を変えても、何も変わりませんでした。

そんなとき、友人に、「歌でも歌ったら元気になるよ」と勧められ、カルチャーセンターのX先生の教室に入会しました。それが二年前のことです。息子の死後、歌など歌ったことはほとんどないといってもよいほどなのですが、もともと嫌いではなかったものですから、たちまち夢中になりました。そんな私に目をつけたX先生に、「歌が上手くなるから」と誘われ、連れて行かれたのが、悠一郎先生の「無垢鳥《むくどり》の会」という、「心の宇宙劇場」の前身のサークルでした。

月に一度くらいではありましたが、X先生への義理で「無垢鳥の会」に参加させていただきましたが、どうにも馴染めませんでした。歌わない、話はしない、お面をかぶったような顔をして、後ろの席に、ただ座っている――それが、あの頃の私でした。孤独で、疲れて、逃げ出したくて、何度、X先生に泣きついたことか…。

波長のまるで合わない人間が入ってしまったのですから、参加されていた会員の皆様も、さぞや不快な思いをされたことでしょう。そのことを思うと、ただただ恥ずかしく、申し訳なくなります。反省してもとても許されないほど、いやな態度の自分であったのです。

今になってみれば、悪霊に憑依されていたのは明白でありますが、悠一郎先生は何ヶ月も何一つおっしゃらず、じっと大きな愛で包んで許してくださいました。そのことを思うと、これを書きながらも涙があふれてしまいます。先生、皆さん、ごめんなさい。そして、

心の宇宙劇場

―地球のテーマ、人のしあわせ―

心よ
偉いエラクないは
この世の人間がきめたもの
この世の学歴　名誉　地位　などは
人間がきめたもの
あの世に帰って　オレは　ワタシは
成功した　金持ちになった！と
自慢しても　ダァレも　相手になどして
くれないよ！　ただ大切なのは
愛の心だけ！　だからネエ　心よ！
キミの心しか持って帰れない
さあ　キミならどうする！

宇宙は果てなく広い　でも
キミの心だって果てなく広い
心よ　わかるだろうか
心と云うものは　無限なのさ
ときどきは腰かけ地球にだよ！
意識を宇宙大にし　自分の心に
銀河を地球をとり入れる
そしたらねエ　神仏がわかる

悠一郎

ありがとう。

息子の死後、あまりに大きいショックと深い悲しみのため、そのなかにすっかり溺れてしまい、私はずっと泣き暮らしていました。しかし、それは神仏の御心ではなかったのです。人の死は、それですべてが終わりではなく、肉体を抜けた魂は永遠に生き続けること、人は転生輪廻によって、魂の進化をすべく、修業のため、この苦難の多い地球に生まれ、また死んでいくことを学びました。

息子の魂は、一九歳でこの世の修業を終え、霊界に帰る予定で生まれてきたにちがいありません。ですから、これは家族にとっては悲しいことではあるけれども、あの子の魂にとっては、完全であったということなのです。

驚きでした。死ねば煙と灰になって、それで完全に終わりと信じていましたから。悠一郎先生にそのことを教えていただいたとき、私は本当に救われたのです。先生が地獄の天上から一筋のひもをたらしてくださったのです。幸運でした。この日から劇的に心が解放されたのです。すばらしき日々の始まりでした。

石ころみたいに、かたくなにサークルの隅っこに座っているだけの私でしたが、知らず知らず、先生の深く大きい慈愛が、またその頃には歌うたびに涙があふれて止まらなかった『ユートピア讃歌』が、冷えきった心を温め、洗い清めてくれたのでした。

注　『ユートピア讃歌』とは、三〇〇編からなる悠一郎・作詞・作曲による歌のこと。次のような詞曲が収められている。

魂のトラムペット

悠一郎　唄

一、あの天空に冴えわたれ
あの月のようにすみわたれ
私の魂のトラムペットよ
あの星雲にすみわたれ
あの月のようにすみわたれ
私のトラムペットよ
清らに浄らに響きわたれ
愛が美しき音色を奏でながら
人のふれ合いを神の意識に高めつつ

私のトラムペットよ
静かに静かに響きわたれ

二、あのオーロラの鮮やかな
あの北極の流氷のような
私の魂のトラムペットよ
あのオーロラの美わしく
あの南極の神《かぐ》わしく
私のトラムペットよ
正しく豊かに響きわたれ
愛がおごそかな勇気を讃えながら
人を導いて神の意識を高めつつ
私のトラムペットよ
豊かに豊かに響きわたれ

二十一世紀の鐘の音

聖　圭以子　唄

一、海がきらめく波がきらめく
遙かかなたの銀河のはてから
ホラ聴こえるでしょうユートピアの鐘の音が
世界の人びとよ人類はいま変わるとき
あなたの心が私の心が
あの太陽のように輝きわたるとき
理想に燃えるときホラ聴こえるでしょう
神の国銀河のはてから

二、星がよび合う愛にとけ合う
遙かかなたの銀河のはてから
ホラ聴こえるでしょうユートピアの鐘の音が
地球の人びとよ人類はいま超えるとき

あなたの心が私の心が
あの星たちのように神理に生きるとき
法則《みち》を守るときホラ聴こえるでしょう
神の国銀河のはてから

坂本龍馬様５　２００２年11月22日　11：00―11：30

――龍馬先生、お願いいたします。


よしよし、まったく泣き虫なんだから。ほい、泣き止め。女はたまに泣くと可愛いんだ。毎日毎日泣かれてみろ。百年の恋も冷めてしまうぞ。泣くな。考えてみろ、泣く理由をあげてみろ。

ほら、一つ目は…。

ほら、二つ目は…。

ほらみろ、ないじゃないか。何もないじゃないか。何もなくて泣いているバカがあるか。

目を覚ませ。

——変でしょう。だから私は変になってしまったんじゃないでしょうか。このまま狂人になってしまうんじゃないかって、不安だったり怖かったり……。

悠一郎さんに、もう何度も何度も頼まれて、おまえの邪霊払いをやっとる。まったく、何をやっとるのだ。うじゃうじゃ寄せつけて。体に気をつけて、無理をしちゃいかんのだ。熱を出すこと自体が、体を明け渡してしまいやすくなって、危ないのだ。体をいたわらなきゃ。

やっぱり年齢相応に、体も方々弱ってきているんだな。無理はきかない、いいね、わかったね。

さて、もう大丈夫。弟橘様の話を聞いているうちに、すっかり寝ぼけ眼《まなこ》から覚めたから。今、ちっとも悲しくないだろう？　気をしっかりもっていなければいけないんだ。いつもはどんなにしっかりしていても、最後の最後になって、このようになってしまう魂が五万とあることを忘れないように。

自分だけで生きていると思うな、って、いつでも言われているでしょうが…。これじゃあ、神に向かっているなんて言えないぞ。恥ずかしいことと大いに反省することです。そして、二度とこのような事態を招かないこと。へんなヤツらを自ら招き入れているのです。バカだって、私はいつも言うけど、本当にバカだ、おまえは。しっかりしろ！　って言うと、また落ち込んで。これが終わると、泣き出すか？しようのないやつだ。元気を出して外へ行ってこい。泣き泣き歩いてはいられんからね。外にいろ、外に。内にこもってウジウジやっているから、こういうことになる。用事をつくって出かけてこい。

念を押します。こんな事態は恥ずべきことなのです。二度と騒ぎを起こさないように。

――ありがとうございました。合掌。

坂本龍馬様６　２００２年11月30日

――悠一郎先生のこれから先のことですが…。

先生の一番果たさなければならないこと、それは自分自身がこの世で本当の意味で幸せになって安らぐことである。

これまでは、他人の幸せばかり願ってきた。心の中に淋しさを抱えて天上界に来てしまうなどということがあっては、あんまりにもかわいそうだ。どういうことが一番幸せかは、そりゃあ、おまえが一番わかっておろうが…。

『ユートピア讃歌』や本や絵や焼き物、音楽説法。それらを、あえて分けずとも、流れのままにポツポツと信念をもって、真心をもって果たしていけばよい。

あんまりにも大変だったなら、天上界へ来てしまえ。天上界はいいぞぉ。天上界へ来てしまえ。

合掌

坂本龍馬様7　2003年1月8日　11：10―11：40

――龍馬先生、お願いいたします。

待っていたぞ。用意はできている。新年の挨拶はどうであろうか。どうでもよいということはないが、型にはまるのは嫌いなので省略する。

――はい、今世界はいつ戦争が始まってもおかしくない状況であり、ご存じでしょうが、私たちのところにも、天照様やリンカーン先生、ケネディ先生から霊信も下りました。

「魂よ、目覚めよ、時は今！　揺さぶりをかけてください」と天照様はおっしゃいました。

先生は、どのように思われますか。どうぞなんでもお話しください。

私は、世直しに激しく生命を燃やし、火の玉となって走り回ってきました。でも今は、ごく静かに指導霊団の一員として、愛念を尽くし日々魂の救済に当たっています。

「ごく静かに」とは言いましたが、この言葉の範疇《はんちゅう》は広く、なかなかどうして大変なのです。

安っぽいチャンバラ映画などは及びもつかぬ、大活劇ドラマのような場に巡り会うこともたびたびです。私は、指導霊としては、特別な任務なのかもしれない…。

ただ、心の救済だけではないのです。地獄で苦しんでいる人たちの面倒も時々見ているわけですから、なかなか厳しいところもあるのです。

地獄を経験するのも、すべて学びではあるのですが、できればすべての魂が穏やかに幸せに神理に向かい、地球が輝ける星になってほしいと願っての奉仕なのです。

今世界は、一つ間違えば大きく火を放つぎりぎりのところで睨み合っています。これから先は、リンカーン氏やケネディ氏の霊信でおわかりと思いますが、このような悲しい混乱を招かざるをえないところまで、地球の悪想念がたまってしまったということなのですから、地球の全人類は、神理に目覚め、地球ユートピアのために、心を一つにして愛を学んでいく、そういうときであるということを、知ってほしいと思います。

——ありがとうございました。合掌。

「地獄」とはこんなところ

井上トシ子

私は「三途の川」を渡れなかった

昭和六〇年の寒の最中、息子は一九歳で、突然この世から旅立ちました。

息子の死後、泣き暮らしていた私は、息子が渡って逝ってしまった「三途の川」というものがどんなところか、行ってこの目で確かめ、向こうの世界がどういうところか、見たくて見たくてたまりませんでした。息子はどんな様子で、どんな思いで渡って行ったのだろうか。

「川があっても渡っちゃいけないよ。川があったら戻っておいで」

と、脳死かもしれないと宣告された息子の耳元で、あんなに夜通し言い続けてやったのに、あの子は戻らなかった。

川を渡ってしまったのです。私は、その川をどうしても渡って確かめたかったのです。

私の切ない思いを、哀れと思ってくださった守護霊さんのおはからいであったのでしょうか。ある夜、泣き疲れての寝入りばな、大きな岩がごろごろとしている河原に導かれました。川幅はそんなに広くもないと思えるような川でしたが、凍るように冷たいその流れは、岩にぶつかり、恐ろしい速さで渦を巻いていました。

しばらく、そのごつごつの岩だらけの川筋をさかのぼっていったのですが、川の恐ろしい厳しさは、どこまでも続いていて、変わりませんでした。私を受け入れて渡らせてくれるような浅瀬も、舟も見つけることはできませんでした。もちろん、向こう岸など見せてはいただけませんでした。

「ああ、これじゃあ、私にはとても渡れない」

と、それ以後、三途の川を渡りたいとは思わなくなりました。

息子が死んでからというもの、金縛りの苦しみを嫌というほど味わいつつ、「地獄へ落ちる」という念の入ったメニューを体験することになりました。

金縛りは、まずは体がガチガチに固まり、息もつけないくらいに押さえつけられたようになり、叫び声など上げられないようになります。そうして、もう耐えられないと思うほど、苦しみがピークに達すると、耳もつんざくばかりの〝グッワーン〟という大音響とともに、深い深い真っ暗闇の穴を、まっさかさまに落ちていくのです。

このとき、ヒュン、ヒュンと耳をかすめ過ぎていく風が、落下する猛スピードの恐怖をいやが上にもあおり立てます。文字通り、地獄の苦しみです。もちろん、金縛り状態はそのままなのですから、その苦しさ、恐ろしさは筆舌には尽くせないものがあります。

しかし、いつのまにか、どういうわけか、気がつくと真っ暗闇のなかを歩いているのです。気味の悪い埃っぽいところを、手甲脚絆《てこうきゃはん》に草鞋《わらじ》履きで、一人トボトボ歩いているのです。目を凝らしてあたりをよく見てみると、墓場のようなところです。そこは、どこまで歩いても、どこへも行き着かないところです。

心細くて、不安で、

「どこへ行くんでしょう」

と、誰かがいるような気がして、話しかけたりするのですが、答えは返ってきません。しかし、草鞋のひもを結び直したりしながら、よくよくまわりを見てみると、前を誰かが歩いているのがわかります。後ろから来るのもわかります。皆、一様に黙りこくって、トボトボ歩いているのです。

幾度もこのような恐ろしい地獄への道を辿りましたが、その都度、この地獄へ落ちて行く苦しみの一部始終を、じっと見ている、もう一人の自分がいるのです。

天国があり、地獄があるということを、皆さんにも伝えてほしくて、守護霊さんは、私に繰り返し繰り返し、教えてくれたのだと思っています。

「金縛り」にあわなくするためには

この現象が、金縛りという霊的現象の一つであるということすら知らないで、毎晩のように苦しめられていた時期がありました。

中学・高校生の頃、私は読書や勉強で、徹夜もしょっちゅうという無茶な生活をしていました。学校までは片道一時間近くもあり、その通学路は坂道で悪路でした。毎日毎日、寝不足でくたくたの小さな体で、歩きました。

寝入りばな、「アッ、来るな」という気配があって、金縛りが始まるのですが、足元の方から何者かが、ゆっくりと押さえつけてくるような感じです。そのとき、体がズーンと重くなり、もがこうにももがけない。助けを呼びたくとも声も出せない。胸もズウンと押さえつけられているので、苦しくて苦しくて、息も絶え絶えになります。誰かに助けてほしくて、しばらくして唸り声を発しているうちに、徐々に解除されていき、覚醒するか、そのまま眠ってしまうのです。

この現象は、忘れた頃に幾度か連続して現れては止んで、悠一郎先生にお会いする少し前の頃までありました。ですから、かれこれ四〇年以上も苦しめられていたことになります。

私は、自分の霊的感覚が他人よりも優れていたり、自分に悪霊が憑いているなどということは、考えたことすらありませんでした。でも、寝ている枕元で、鎧《よろい》を着た武士が数人立っていたり(もちろん話し声も聞こえるのです)、動物霊が私に話しかけてきたり、先祖の霊が部屋に並んで座っていたり、今になって考えてみれば、いろいろと怖い不思議なことがあったのです。

私の場合、憑依の直接の原因は、睡眠不足だったと思います。健康な生活を心がけることが、悪霊を寄せつけない最良の方法だということです。

坂本龍馬様8　2003年1月11日　15：00—15：30

——龍馬先生、お願いします。

はい、いいだろう。おまえの澄んだ波動が伝わってきている。こちらに寄り添ってくるかのような温かい波動です。よろしい。そのような心境でいつもいたいものです。

さて、先日の続きをお話ししましょう。イラク情勢も北朝鮮もジリジリと導火線が短くなっていくように感じられます。まったく、政治家たちは何をしているのだろうか。わが身の保身を考える者たちばかりだから、このような状態になるのだ。

命を捨てても国民を、地球を救おうという燃える魂の持ち主はおらぬのか。まったく嘆かわしい。独裁者に逆らえば、恐怖の世界しか待っていないような気もするのであろうが、沈黙している他の弱い魂に揺さぶりをかけるため、立ち上がるだけのエネルギーさえもち合わせてはいないのか。

神は惜しみなく真の力と勇気を与え続けてくださるであろうものを。

今世界中の戦争反対の魂が、声を上げるときではないのか。世界平和を心から願う魂たちが、力を合わせ声をかぎりに平和を叫ぶときではないのか。ときを逃がさず声を上げよ！

人間は、静かで穏やかな暮らしを望むものであるが、意識をはんの少し外に向けてみれば、今、どういうときであるかがわかるであろう。大きな愛の意識というものは、魂の真の部分に誰もがもっているのです。手を取り合って、声をかけ合って、相手を理解し助け合う大切なときなのです。

ぎりぎりまで、相手と理解し合う努力を惜しまないことです。世界中のどの国にも、敵国の当事者たり得る想念はあるのですから。他国同士のいがみ合いとあなどっていると、必ず火の粉が降ってくるのです。世界中の人々が手を取り合い、理解し合い、助け合って地球を愛の意識で守っていくべきときなのです。

――ありがとうございました。合掌。

坂本龍馬様9　2003年3月18日　11：00—12：00

——龍馬先生、お願いいたします。先ほどメモを読みましたが、本日はそのようなことについてご教示をお願いしたいと思っております。よろしくお願いいたします。

よしよし、わかった。この頃はメモをしているようだ。感心、感心。少しは賢くなったようだな。ハハハッ…。

さて、霊界霊波通信についてだって？

今はそればかりではないけど、天上界では、それを主流にしている。それを使って念を伝達するわけだけど、便利だね。正確だしね。瞬時にして伝わるわけだから。そちらにも伝えようと思うんだけど、なかなか伝えにくくてね。不便だよ。まったくどうしてこうも伝わりにくいのかね。おまえも、もう少し聞いてくれよ。

なんだかんだ言ってないで、まめに聞かなければだめだ。伝えられないじゃないか。ジリジリするときもある。素直にただ聞けばいいのだから。

霊界の学びが、早いか遅いかって？　霊界での学びは、ゆったりしているから時間がかかるね。時間という観念はないんだけれど。神理や知識は、できればそっちでしっかり身につけてきた者の方が、ずっと早い。おまえもしっかり身につけてこられるのなら、そうした方がいいよ。

――はい。心がけたいと思います。世の夫、男性は、妻に対して、家庭においてどうあるべきかについてお願いします。

オレは家庭をもたなかったけれど、夫として、男としてねぇ～。

男も女も基本的には優しさが大事でしょう。人は愛です。夫としての力強さ、誠実さ、ときには厳しさも必要であろう。けれど、愛があっての厳しさです。大きな力強い包み込むような愛。互いに信頼し合い、尽くし合い、ともに助け合い、男はリードし、妻はリードされることを喜び従っていく。それが自然かなあ。

ところが、この頃はそれを間違えている夫婦が多いように見える。マスコミ、とくにテレビなどが悪い影響を与えている。古いと思う人もいるかもしれないけど、それが基本。そう思う。だって、男と女って、そうつくられているのだから、どうしても自然にそうなってしまう。そうしておけば間違いないのさ。

男女同権って言うけれど、何がなんでも男と女が同じということはない。そんなことを言っているから、こんな世の中になってしまう。間違っているものは間違いと認め、改めることが大事。これからは、そんな基本的なことをあらためて洗い直して、単純明解に、よいものはよいとして素直にいくべきだ。変な理屈に惑わされないでね。

今の日本の男は働きすぎる。かわいそうだよ。ゆとりがない。これも間もなく変わっていくけどね。ゆとりをもって生きよ。相手に感謝しつつ助け合って、男は男らしく、女は女らしく、そんな思いに立ち返るべきでしょう。今の時代、男だか女だかわからないヤツらが多くなっているもの。

――地縛霊、浮遊霊にならず、死とともに霊天上界に行ける、この世での生き方ってあるのでしょうか。

そりゃあ、あるさ。単純明解である。ここをしっかり伝えてほしい。これを知っているか否かで、霊の学びの段階に差が出てきてしまうからだ。

人のため、世のためにどれだけ無心に喜んで尽くして生きてきたか。

明るく楽しく素直に生きてきたか。

他人の幸せを喜び、他人の悲しみに涙し、優しく素直な感謝の思いで生きてきたかだ。穏やかに自然にゆったりとした思いで。

すべての人が、もう少し内なる自分の「仏性」と「神の心」を見つめ、優しく生きていけたらいいね。人は魂だから、魂は転生輪廻を繰り返して、永遠に生き続けるのだということを、素直に信じることができるかどうかにかかっている。

それを一人でも多くの人に知らせたくて、われわれ指導霊団が、おまえたちを使って動いているのだ。地上に生きている人間たちには、とてもわかりにくいらしいが。そこのところが、しっかりわからなければ、後悔することになる。

合掌

坂本龍馬様10　２００３年４月８日　16：00—16：20

はい、あなたの気持ちはよくわかっています。人の前に立つことを喜ばないということは、よくわかってはいる。だが、こうでもしてもらわないと、こちらの思いを伝えることができない。これからもいくつかマスコミからの電話が来るかもしれない。

——いやあ、困ります。私はお断りします。テレビに出てくれなんて言われたりしたら、とんだことです。私は心臓麻痺で死んでしまうかもしれない。

だいたい人前で霊信を受けることをしたこともないのに、まだまだ力不足です。それはあなたもご存じでしょう。小川先生に精一杯応えたいという思いはあっても、人の前に出たいなどという気持ちは、まったくないのです。

よしよし、わかっておる。それにしても強硬ですな。いつもは、とても従順ではないか。どうにでも添ってくれるのに。これはイヤか…。大丈夫、安心して任せておけばよいと、いつでも言われているではないか。大勢の指導霊に言われているのではないか。悠一郎さんにも言われていたではないか。

人を救う愛の気持ちが足りないのだ。自分を捨てろ。つまらない表面意識に頼るな。神仏に任せきり、心を空っぽにすべてを空にせよ、と教えられているではないか。

明日は死んでいくかもしれないという人たちを、救う気になどなれないか。どんなことをしても救おうと思わないか。これを炎《ひ》の思いというのだ。できないなどということはない。任せておけばよい。体当たりしてみよ。おまえの魂は、そんなへなちょこじゃないはずだ。当たって砕けろ！

己のすべてを投げ出して、空しくして、神の御前に座れ、それだけでいい。すべての指導霊が見ている。霊信もいままでよりはっきりとして、わかりやすく届くはずだ。そうしてくれるよう取り計らいましょう。

——ありがとうございました。合掌。

坂本龍馬様11　2003年6月18日　10：15—10：35

おお、よしよし、話をするか。

さっきも話した通り、愛の学びのための入院だ。何も案ずることはない。何があったとしても気をもむことはない。すべてお任せだ。神仏に任せる心、それが大切だ。これもさっき話した通り。

他人に尽くされ、愛をいただくことも、おおいなる学びである。他人様の愛を素直に受け入れられるか。喜んで感謝の心で受け入れられるか。それも大切な学びだということです。

それにもう一つ、如来の境地をめざせと（エドガー）ケイシー先生に言われても、おまえは「そんなことは無理」って否定する。そのことについては、自然のまま、おまえのそのままでよい。こうあらねば、こうせねばの無理な心遣いがますます自己否定へとつながっていくタイプであるからだ。

そのままでよい。そのまま霊信を重ね、悠一郎さんの話を聞いているうちに、自然に身についてくる。焦ることは禁物だ。霊信を続けることが今はすべてです。入院して、まず愛の学びをしてくることです。

——ありがとうございました。合掌。

注　**エドガー・ケイシー**（Edgar Cayce　一八七七—一九四五）。アメリカ・ケンタッキー州の農家の生まれ、少年期から不思議な声に助けられたが、その頃はまだ自らの超能力を意図的に発現させる方法を知らず、さまざまな職業に就いた。二〇歳をすぎた頃、催眠治療師と出会い、自らを催眠状態に置いて質問に答えるという形式で、超能力を自在に発揮するようになる。
第二次大戦が起きることをはじめ、約一万五〇〇〇もの予言と透視（とくに病気診断）を行い、その適中率は九〇パーセント以上であったといわれている。

坂本龍馬様12――スウェーデンボルグに連れられて　2003年7月15日 9：20―10：30

――エンゼルが迎えに出てくださっています。エンゼルに誘われて、少し翔んでいます。何も見えてきません。薄い真っ白い雲の流れのなかを翔んでいます。さあ、着きました。着地したのですが…。ここはどこですか。龍馬先生ですか。

そうじゃ、来たか。ようやく来たか。

――はい、なんだか恥ずかしい。

なあに、いまさら恥ずかしいなど。なんでも話してきたくせに。どうだ、こっちの世界は。

――先生は、幕末の世直し時代のお姿です。書きながらのせいか、まだまわりの様子が見えてきません。あれ？　腰に刀をつけていないのですか。

ああ、邪魔でね。あれはいらないね。

――先日、西郷隆盛先生にお出まし願ったときから、霊界を少しずつ覗かせていただいているのですが、それについては龍馬先生も同じ考えでしたか。

そりゃあそうさ。このままではなかなか埒《らち》があかないし、どうせなら、おまえを天上界に連れてきて、というようなことを話し合ってね。

さて、どこまで上達するかが問題だ。とらわれちゃいけません。保存欲にね。無私無欲が肝心です。神仏にお任せの心でのぞめば、少しずつはっきりと道が見えてくるようになるでしょう。急がず、恐れず、とどまらずってとこかな。いちいち小さなことにはこだわらず、まあ、どっしり座っていればよい。もちろん愛の心は見失ってはいけないよ。大丈夫だ。悠一郎さんのことにしても心配はいらない。そのうち元気になっていくからね。いま少しエネルギーが弱っているけれど、なんの心配もいらない。なんのために大勢の指導霊がついているか。えっ、そうだろう。今すべて足固めの時期だから、準備期間だから、いらない思いは削ぎ落として身軽になり、清らかに自然にそうされていく時期を待っていればよい。

——ここは執務室のような立派な部屋ですね。

そう、私の部屋。

——ここに入れていただいたのは初めてですよね。

そうね。ここへはたいてい仕事関係の方しか通さないからね。

——いつも私と話してくださるときにはどこで？

おまえの家。おまえの目の前に座るのさ。そうして話していたけれど、今日もこんな調子じゃあ、判然としないかね。何が見える？

——立派なソファがありテーブルがあって、会話ができるような配置になっています。どっしりとして重厚な取り合わせになっています。…ところで奥様は？

ほんとにおまえは何を学んでいるのか。私のこの世界が、結婚生活をして喜んでいるところと思っているのか。もうとっくにそんなことは卒業しておるのだ。

——そうですか。それはわかってはいたのですが、わからない人のためにお聞きしているのです。ポリネシアへ遊びに行かれるのですか？　あそこは素晴らしいんですってね。ステキなお姉ちゃんがたくさんいて…。

あれっ、そんなこと知っているの？　そりゃあステキなところよ。皆胸はボイーンとしているし、腰はきゅっとしまっているし、のんびりと天国的な人が多いし…。

――うーん、先生のような方でも、そんなところを見て喜んでいるんですね。まったく男というものは…。

ハッハッハッ、サービスだ、サービス、サービス。こんなことで喜んでうつつをぬかしていたら、世直しなんてできないでしょう。夢も理想も、もっと高いのです。私という男をしっかり知ってほしいね。転生輪廻の実績もかなりのものなんだぜ。あんたにかかっちゃ、ミソもクソもごちゃまぜ、ひどいもんだ。

――こんな広い家に、誰もいないのですか。

えーっ、それなら呼ぼうか。二号、三号、四号、五号…ズラーッと並びますよ…なあんて言っていると叱られそうですから。どうもおまえと話していると、話題が低次元の雰囲気になってしまう。困ったもんだよ。

――どうして？　いいじゃないですか、楽しくて。かしこまって、政治の話でもしますか。

ハッハッ、おまえを相手にか？　ネコと政治の話をしてもどうにもならん。

——じゃあ、かえろ。帰って今のまんま、先生がおしゃべりしたことを皆に話してさしあげます。「龍馬先生の今」と題して。

ハッハッ、お好きにどうぞ。天上界に来て、おまえのような減らず口をたたくヤツもいないね。聞いたこともない。やっぱりバカだ、おまえは。もっと賢くなって貴婦人になれ。天上界はどちらを見ても貴婦人だらけだ。見習いなさい。

——さて、真面目な話、どんなことをしてお過ごしですか。私もその現場に連れて行っていただくことが、そのうちできるようになるのでしょうか。

すべてというわけにはいかないだろうが、二、三、連れて行けるかもしれない。でも、もう少し時間が必要ですね。

――喉が渇いたのですが、何か飲み物をいただけますか。天上界のものをいただいたことがないのです。

ようし、とびきりのお茶を飲ませてやろう。紅茶かコーヒー、日本茶は？　そうか、日本茶か。それがいいだろう。おまえに紅茶は似合わないからな。もっと気品が身についたら、ご馳走してやろう。おまえは日本茶が好きなんだものな。

――ちょんまげ、着物姿の龍馬先生とご一緒に、広間のソファでお茶を御馳走になって帰ってきました。霊界でいただくお茶は、香りも味もなんとも言いようがないほど美味しいと誰かのお話で聞いていましたので、とても期待していたのですが、ちょうど私が歯の治療をしている時期と重なり、お茶は歯医者さんの薬の味がしただけでした。

合掌

坂本龍馬様13　2003年12月16日　9：45―10：50

――今日は、龍馬先生にお話しいただけると思い、ホッとしています。私たちは思案にくれると、真っ先に龍馬先生を思います。

龍馬先生の懐のぬくもりを当てにして、いつも甘えているようなところがありまして、申し訳なく思っています。

おお、そうか。今日は私の出番か。うれしいのぉ。最近はおまえの心境も少し上がって、けっこう褒められてもいるではないか。その調子で、ゆっくりとでもよいから、着実に進むことだ。慌てても、誰も褒めてくれない。なんのプラスにもならない。量ばかりではない、質の問題もあるし…。

いや、小難しいことを聞いていけと言っているのではないがね。人の数が少なくても、厚み深みを加えていけばよいのではと思っています。それにはやはり、そちらの器をさらに厚く深くつくり上げていかねば、とても追いつかない。

のんびりゆったりとは言っても、日々愛の実践により心を磨き、真理の学びも怠ることなく、また世界情勢や地球の現状などにも目を配り、それなりの精進を積むことができればと願っている。少し大変かと思いますが、こちらからはそれほど期待されているということです。私も自分のことのように、おまえたちを見つめています。

――ありがとうございます。今日は、イラク問題について、いくつかお話し願いたいのですが。終戦宣言後も止むことのない自爆テロ、戦争行為など、アメリカばかりではなくアメリカに加担したということで、テロ集団に日本も名指しで標的にされています。

やむをえず自衛隊を派遣するという決断が下された今、日本の立場はどうなるか、また、どういう心構えが必要かなどについてお話しください。

そうねえ、人は目の前に見えることに関しては大騒ぎするが、見えないことにはできるだけ無関心を装う。日本人は、まあ気質もあるだろうが、おおかたそのような傾向がある。立派な国の指導者たちがおって、あらゆる情報、思索、政策のもとに、とらねばならぬ道があったろう。政治を司る者たちの苦悩というものもある。多少の肉は切らせても、骨は切らせぬという判断も必要だ。

すべての者が、この問題に関して、いままでの状態で納得できる政治的判断など、おそらくなかったにちがいない。日本のおかれている国際的立場というものもある。きれいごとではすまされないところもあるだろう。

しかし、これらすべてに関して、どのような心構え、判断の基準を置くべきか。日本としての姿勢は、神の御心がどこにあるかを見据えることから始めねばならぬ。国同士の悪想念のぶつかり合いが戦争であるならば、そのエネルギーが途絶えるまで、ぶつかり合っていかなければならないのですから、それは止めようがありません。

そこで、お互いに大きな地ならしがなされ、ひどい惨状のなかで相助け合い、手をつなぎ合い、励まし合い、立ち上がっていく過程で、愛の尊さを学ばされるのですから、どうしていけばよいのかという判断は、自ら示されているわけです。どんな悪でも、愛に敵なしです。愛は力です。愛は、人と人の心をつなぎ止める大きな力をもっているのです。

愛は神の力です。光です。日本国としてイラクに自衛隊を派遣する、その行動のなかに、どれだけ愛があるか。愛に敵なしの信念があるか。神を信じ、人を信じる心をもって行動できるかでありましょう。大きな愛の意識をもって、世界のリーダーたる自信と誇りをもって、進んでほしいと願っています。アメリカとのつながりにおける小さな正義や善人を立て看板にしては、判断を誤ります。

日本は神の愛の心を知り、その手足となる覚悟をもって、救援の手を差し伸べるべきでありましょう。何があっても騒ぐにあたわず、恐るるにあたわずです。

悪も、愛の光には溶けざるをえないときが必ずやってくるのです。世界各国を結びつけ、世界平和という信念こそ、大きなエネルギーを呼び込むことになるのです。

――ありがとうございました。合掌。

坂本龍馬様14　2004年1月23日　10：00―11：00

――龍馬先生、お出ましありがとうございます。いつもご指導感謝しております。

えっ、今日は黒紋付きですか。どうなさったのですか。

はい。あなたの前に出るのですから、かしこまって出て行かないと叱られそうですからな。坂本龍馬もよい男じゃ、どんなもんだ！　と見せておかないと、これまでは少し三枚目に成り下がっていたからね。

どうだ、立派なもんだろうが！

――そんなことをなさらなくても、立派な先生で通っております。ご心配なさらないでください。

そうであろう。わかってるんだよ、そのくらいは。だけど、おまえさんは、そんなふうには思ってなかろう。おまえさんにゃ、おれのよい男ぶりが理解できておらん。

――そんなことはないでしょう。悠一郎先生と龍馬先生の話をいつもさせていただいておりますが、別格ですよ。特別待遇にさせていただいています。おわかりでしょう。とても頼りにさせていただいているのです。

さて、今日は霊信の出版準備にあたり、どのようにまとめたらよいか、よい案があったらご指導いただきたいのですが。

悠一郎先生としては、お釈迦様、イエス様、明治維新の改革のメンバー、宮本武蔵様とか山本五十六さんとか、今戦争に関わって霊信を下さった方に、女性霊を加えてまとめてみようと言われるのですが、いかがでしょうか。

うーん、そうだなあ。まずね、名前を抜きにして考えてみること。何を伝えたいのか。この本を出す最大の目的はなんなのか。狙いを定めないと、焦点ボケのひと味もふた味も落ちたものになりかねない。何を目的にこの本を出すのか。そのために、どこを強調すれば内容を満たすことができるのか。そのように考えを進めると、自ずとメンバーは決まるはずです。もちろん、タイムリーな顔ぶれというものもあるでしょう。

そこは、出版社の方の才覚に任せてみるのもよいかもしれない。どうも、細かいことは、私には無理なのかもしれないね。もっとアドバイスのできる者がおろうが。こういうことは、生きている者に聞け。今の人たちの感覚というものが大切だと思うからだ。別に言い訳しているわけではない。

イラク戦争に関する霊信もたくさんあったが、言うなれば、あれは一つの現象のたとえで、戦争、テロ紛争などはひっきりなしに地上ではあるわけだから、今を逃したら参考にならない霊信かと言えば、そんなことはない。いつの時代にも、通用する霊信だといえる。

――こちらの人間にとりましては、イラク戦争と書いてあれば、それしか考えないし、朝鮮問題とあれば、対朝鮮のことしか考えられません。それが一般的なこちらの情況です。

私とおまえさんたちのように、ツーカーとはいかないわけだ。

——まして本という形になってしまうとなれば、範囲をどうしてもこんなふうにと決めておきたいのですが、どうしたら…。

とりあえず、悠一郎さんの決めたようにしておけばよい。そのうえで、変えることはどうにでもできるし、再考してもよいわけですから。

——ありがとうございました。もう一つ、二月のコンサートに、現象編をした方がいいのかどうかをお伺いしたいのですが。当日、悠一郎先生の直感でその方を決めた方がよいのか、先に決めておいた方がよいのかお伺いいたします。

現象編か…現象編ね。トシ子の思いが…まあ、かわいそうかなとは思えるけど、それも乗り越えていかなければならないとすれば、いつ始まっても同じことだし、いつでもできることだし、いいんじゃないの、やらせてみれば。失敗したら失敗したで、この人にはそれも大切な学びです。

――そんなことを言って…。立ち直れませんよ。たぶん。

バカだねえ、おまえさんは。失敗すると言ってんじゃないの。すべて経験だと言っているんです。そして大きくなるんです。これをすることによってさらに器量も大きくなるものです。

当日、決めればよい。少し厳しく鍛えてやれ。少したるんでおる。これからの時代に生きる者が、そのような華奢《きゃしゃ》な、ちょっと突ついたら壊れてしまうような小さな意識でどうするか。とても世直しなどおぼつかん。少し、おりょうの爪の垢でも煎じて飲ませてもらうがよい。

…そうら、またすぐふくれる。（おりょうさんと自分とを）比べるなって？　時代が違うんだって？　ほら、言い訳ばかりしおって！　どんな時代もないんだ。愛が足りないんだ、愛が！　もうすこししっかりしろ！　トシ子よ、目覚めよ！　時は今だ。泣くな、ばか。

えっ、逃げるだって？　じゃあ、逃げろ、逃げてみろ、その勇気もなかろう。中途半端なんだよ、おまえさんは。もうこうなったら死ぬ気でやれ。自分は捨てろって言われているじゃないか。失敗は失敗でよし。失敗の上に成功の喜びは与えられる。不動心！　目をそらすな、ふらふらするな。

紋付き、袴で、私がお前さんに申しつけたことを肝に銘じよ。

――ありがとうございました。合掌。

坂本龍馬様15　2004年2月10日　10：40―11：30

――龍馬先生、お願いします。

海を見よ、海を。

岩場でドーンとぶち当たり、砕け散る波があったとしても、それで海が荒れているかといえば、なに、けっこう穏やかな方だったりする。人の心だってそんなもの。

ぶち当たって砕け散る波もあれば、穏やかに寄せては引く波もある。しかし、それでも海は一つ。ひとところだけを見つめすぎないように、全体を眺めていくんだな、全体を。二〇〇四年の幕開けが、大変大きいものだっただけに、おまえたちが少し驚いているのもわかるけど、これだって自分たちの理想を果たすための道を、着々と進んで行ったに過ぎぬ。

決してここへきてまったく新しいものを与えられたわけではないのだから、驚くにあたわず、騒ぐにあたわず、です。ただ、淡々と、目標を見据え、一日一日歩み続けるのみ。いいか。どちらの力が優秀で、どちらが劣るということではない。おまえたちのエネルギーをまっすぐに向けていくのは、誰それといった人間ではなく、これから変えていかなければならない世の中そのものであり、人々の意識なのである。

天上界からの熱い思いを、どう行動に移すことができるか。どう多くの人たちの心を動かしていけるか。それにかかっているということである。

生死を度外視して、何かを成し遂げんとする勇気、心構えが必要なときなのだ。「明治維新の頃とは時代が違うんです」なんぞと言っている人たちに、言っておきましょう。この地球は、今、大変荒れて危機的な状況に陥っているのです。あなた方一人ひとりが立ち上がらないで、危機意識をもたないで、誰が人類を地球を救うことができるのですか。

少し大きく周囲を見てごらんなさい。今、人の悪想念によって、幾層にも塗り固められた地上は、がんじがらめになって息をするのも思うようにはいかない状態です。いつまでも他人まかせにしていないで、若者たちに、ここではっきりと目覚めてほしいのです。自分たちの地球であるということに、また、自分たちの宇宙であるということに。

——よろしいでしょうか。悠一郎先生が本を出版するにあたり、明治維新の人たちとか世直しのために働いた人たちに、第一番目に出ていただこうということに決めたそうです。

どんな場面に遭遇しても、おまえたちは目標を見失わないこと。そのためには、死などを恐れていたら、命の出し惜しみをしていたら、世直しの先陣など切れぬということです。人の生き方というものには、その人なりのものがあるとは思うけれど、今、この時代であれば、なんとか自分のためにのみ生きるということを越えて、人のために、国のために、地球のためにどう行動していけるかということぐらいにまで、若者は意識をもっていってほしい。

生きる目的を見つけられず、ただ目先のことに溺れ、労働を嫌い、色恋に、衣食にうつつをぬかしているようじゃ、いかにも情けないじゃないか。われわれ維新時代の者の生きざまのなかに、おおいに学ぶものがあると思う。若者が、情熱を燃やし、理想郷実現のために命をかけて行動していく雄姿を見せてほしいと思っています。

今度出版される本が、この先二〇〇〇年に向けての天上界の熱い思いを託す本であることが、日本の、世界のすみずみにまで必ず行き渡るんだという熱い思いを忘れないことです。ことに当たっては、思い煩うことこそが、大きな障害を呼び寄せるということを知ることです。

――ありがとうございました。合掌。

「龍馬様とは、その後会っておりませぬ」と、おりょうさん

おりょう（一八四〇―一九〇六）。坂本龍馬の妻で、名前は龍《りょう》。青蓮院宮家の侍医・楢崎将作の長女として生まれたという説と、実父は西陣有職織物匠・井筒屋喜代門であったが、一四、五歳の頃に楢崎将作の養女となったという説がある。

龍馬と巡り会い、薩長同盟成立後に起きた寺田屋事件では、入浴中に飛び出して危機を救った。美人で花を生け、香をきき、茶の湯をする教養をもち、気丈な京女であり、海援隊士らからは「姉さん」と呼ばれていた。だが、土佐藩・佐々木高行の日記には、「有名ナル美人ノ事ナレ共、賢婦人ヤ否ヤハ知ラズ、善悪共ニ為シ兼ネル様ニ思ヒタリ」とある。龍馬亡きあとは大道商人と再婚し、貧窮のなかで明治三九年に没した。享年六六歳。

おりょうさん1　2003年3月11日　16：20―16：40

はい、おりょうです。待っているのですよ。

――お出ましありがとうございます。いつも龍馬様にはご指導をいただいております。ありがとうございます。おりょう様のいらっしゃるところは、龍馬様と同じところでしょうか。

いや、違います。

――ご一緒にお住まいかと思いましたが。

いや、いや。あちら様はお偉いのです。私は少し下のところにおります。

――恋しい？

はじめの頃はそんなこともありましたが、まったく別のところらしくて、お会いすることもありません。

――お会いしたいと思いませんか。

……そんなこともなくなりました。

――「天国で結ばれる恋」という話があるではありませんか。あなたにとっては悲恋物語？

あれとは少し違いますよね。そんな切ない思いも少しはありましたが、龍馬様は、もっと切羽詰まった世直しの志士でありましたから、そちらを優先していただくよう、いつも心に鞭打《むちう》っておりました。

おりょうさん2　2003年5月23日　9：50―10：50

――おりょう様、お願いできるでしょうか。

はい、よろしいですよ。

――本日はお忙しいところをありがとうございます。先日は、途中にもかかわらず、こちらの都合で勝手に中止してしまいましたことをお詫び申し上げます。

はい、いいですよ。しかたがありません。また、こちらにいると少しぐらい理不尽なことをされても、怒る気にもならないのですから面白いものです。少しの無理もなく、そう思えるのです。

――素晴らしいお心の持ち方ですね。そちらの方たちは、皆さん、そんな考え方、心の方なのでしょうか。

そうです。その通りです。本当に気持ちのよい方ばかりです。

――今、お住まいはどういうところでしょうか。すみません、よく見えないのですが、今、その周囲には何があるのでしょうか。何が見えるのでしょうか。

ひび割れた土が見えるでしょう。その上に家が建っているのです。

――草が生えてないようですが、家は緑の木立に囲まれている様子ですね。

そうです。ここはよく川が氾濫して田畑が流されるのです。そのたびに苦労します。

――農業をされているのですか。

農業をしているわけではないのですが、こんなところに住んでいるのです。

――洪水がある…じゃあ、干ばつもあり、日本と同じような気候なんですね。

気候はまったく同じで、生活もそちらと同じようなものです。

――和服を着ておられるようですが、洋服はお召しになりませんの？

髪を結っているのが見えるでしょう。洋服は似合いませんよ。

――日本髪をきちんと結って、和服スタイルの方々がたくさんいらっしゃいますか。

いますよ。どうしてですか。

――じゃあ、男の人たちはちょんまげですか。

この頃は、丸坊主の人もいますし、西洋風のザンギリの人もいますよ。

――そのスタイルをどう思いますか。

その人の好みですから、どうも思いません。好きなようにして暮らしているのです。でも、少しずつ私のような髷《まげ》を結っている人たちも少なくなっていくようです。

――食べるものは？　調理のしかたなどはまったく同じですか。

そうです。どうしてですか。

――肉や魚は？　加工されたハムとかソーセージとかありますか。冷蔵庫やテレビ、電話、洗濯機はありますか。

ほしいと思うものはなんでもありますよ。買えるんです。いろんなものが出回っています。

――どのようにして買われるのですか。お金で支払うんですか。

そりゃあ、お店で買うんですよ。一応、お金のようなものはあるのですが、それだけではダメなんですね。わかりにくいかもしれないのですが、真心で支払うのです。何か変でしょう。そちらの人にはわからないかな。

――今、結婚されていますか。

結婚してますよ。主人は竹細工の職人です。

――お子様は?

いませんが、幸せですよ。

――衛生状態は、どうなのでしょうか。

皆さん、こぎれいにしていて気持ちよいですよ。皆働き者です。

――向こう三軒両隣という言葉がありますが、お隣さんは離れているのですか。

いや、すぐくっついています。どうしてですか。

――いえ、あのう、先日伺ったときに、龍馬様は偉くて、高いところにお住まいだと、おりょう様はおっしゃいましたが、おりょう様も少しでも高い次元に上がっていきたいと思われますか。

そりゃあ、思いますよ。それは誰でも同じでしょう。

――どうしたら高次元に上がっていけるとお思いですか。

真理を学ぶことが第一でしょう。愛のこと、転生輪廻のこと、いろいろ偉い方が、ご指導にいらっしゃるのです。私はかかさずお話を聞くことにしています。

――皆さん、信仰心をもっていらっしゃいますか。生前はどうでしたか。

信仰心がなければ、ここには居られません。皆さん大変清らかな心の方です。生前は仏様や神様を信じ、天に身をゆだねなければ生きてはいけない環境でした。一日一日、神仏にご加護を願い、また感謝したものです。今も同じです。

――死に対しては、いつでも背中合わせの覚悟で生きる時代でしたね。その頃を思い出して、今どう思われますか。

あの頃は、刃《やいば》の上を歩いているような毎日でした。でも、龍馬様をお助けしたい一心でしたから、十分満足でした。

——今、私たちはどんな気持ちで生きていくべきでしょうか。

それは愛でしょう。大きな愛の心が大切です。いつも先生方が口を酸っぱくして言われます。私も本当にそうだと思います。

一日一日を本当に大切に、たとえ明日がなくとも満足と言い切れる、後悔のない大きな心で。人のために生きたという思いが、私には大きな自信になっています。

——実績のことですね。その人の一生の実績が、霊天上界に残っているという事実があるということですが…。

びっくりしました。驚きました。そんなことは何も知りませんでしたから。エンマ様がいて、嘘をつくと舌を抜かれるという話は聞いていましたがね。本当によいことも、恥ずかしいことも、細かいことまですっかり忘れていたことまで、洗いざらいですからね。あんなに恥ずかしいと思ったことはありませんでした。また、誇らしく感じたこともいろいろありました。

——どんなことが一番恥ずかしかったですか。

言葉に出したり、態度に表さないで、腹の中で済ましてしまっていたことや、隠れて誰も知らないだろうと思っていたことが、洗いざらい記録されていることでした。今思い出しても汗が出てきます。

——そこで生きておられるすべてがまた、次の次元にいったときに記録され、公表されるわけですね。

きっと、そういうことでしょう。肝に銘じて心がけているのですが、心の持ち方というものは、なかなか難しいものです。お釈迦様のおっしゃった道は大変ですが、優しい心で、人のためにという思いで生きてくださいますようお伝えください。

——ありがとうございました。合掌。

スウェーデンボルグ様に連れられて　2003年8月1日　10時少し前

二〇〇三年五月二十三日におりょうさんから霊信を受けた井上トシ子は、次に同年八月一日に同じくおりょうさんから霊信を受けることになるが、このとき井上トシ子は、スウェーデンボルグに連れられ、霊天上界に飛来した。

その前後に、スウェーデンボルグは、井上トシ子に次のように語った。

「お元気になられたようですね。あなたのそのような姿を拝見できるのが、私には何より嬉しい。いつも物事を素直に喜べる心と、感謝の思いと謙虚な思いをもち続けていてほしい。そして、世のため人のために生かしていただきたいという、曇りのない心をつくっていってほしいと思っています。

さあ、大丈夫です。翔べますよ。なんの心配もありません。気持ちよく翔ぶのです。雑念を払うのです。心を澄ませて行ってらっしゃい。私がいつもついているのです。わからないことは、いつでも聞いてください。質問されてよいのです」

こうして、井上トシ子は霊天上界に向かった。以下は、そのときの井上トシ子の感想。

「ここで、いつものエレベーターに乗ったのです。エレベーターから解放されるとき、自分の意識のすごい広がりを感じ、大きくなる意識を感じたのです。いつもはエンゼルが迎えに出てきてくれていたのですが、体がいつもより大きく、肌もくすんでいるし、いつもの元気もありませんでした。私にはそう見えたのです。

ですから、『私一人でもおりょう様のところへは行けますが』と、同行をお断りしたのです。高次元においては、エンゼルたちもとても元気なのですが、下の方になるにしたがい、活気がなくなってきます。そのようでした」

注　**エマヌエル・スウェーデンボルグ**（一六八八―一七七二。Emanuel Swedenborg)。北欧スウェーデンの科学者・鉱山技師・政治家・神学者。科学者として、カントに先んじて星雲仮説を提唱し、航空機の原型の設計、先駆的な脳研究などの業績を残す。終身貴族院議員として、母国の鉱山業の発展に尽力。

後半生は、啓示を受け聖書研究に没頭し、『天界の秘儀』『真のキリスト教』など約三〇巻の宗教著作群を出版。ゲーテ、バルザック、ブレイク、エマソン、ユング、エリアーデ、ヘレン・ケラーなど、多くの人々に大きな影響を及ぼす。日本では、鈴木大拙の紹介により、多くの信奉者・読者を得る。

「宙《そら》をとぶ」とは

井上トシ子

いつの頃からか、やはり寝入りばなに「宙《そら》を翔ぶ」ようになっていました。目も覚めるような緑色の美しい山々の、明るい空を翔んでいるのです。翔んでも翔んでも、幾重にも重なる山脈《やまなみ》ばかり。海も川も見えないし、人家なぞまったく見えない。もちろん灯《あか》りも見えないのです。とっても気持ちがよくて、いつまでも翔んでいたいのですが、どこにも辿り着かないのが不思議で、納得いかなかった思いがありました。

しばらく翔んでいないから「今夜は翔びたいな」なんて思っても、もちろん翔べない。翔んでいても、落ちてしまうのではないか、翔べなくなるのではないかという不安が心をよぎったとたん、翔べなくなる。電線などの障害物が幾重にも現れ、たちまち翔べなくなってしまうのです。自分の肉体そのもので、洋服のままで翔んでいる姿を自分で見ているのです。地をポンと蹴ると、体がフワッと浮き、両手を前にスッと伸ばし、体が水平の感覚でとても気持ちよく、見たこともないような美しい山々の上ばかりを翔ぶのです。

悠一郎先生に出会ってから知ったのですが、これも幽体離脱ということでした。最近まで翔んでいましたから、数にしてみれば、何十回も霊界の空を翔んでいたのですね。

おりょうさん3　2003年8月1日　10：00—11：00

——おりょう様、こんにちは。

まあ、ようこそ。お会いできて嬉しいです。

——日本髪を結い上げていらっしゃいますね。赤い地模様の入った和服です。かなり若いお姿です。色白の目鼻だちの整った美人です。女優さんになれそうな美しいお顔立ちですね。化粧はされるのですか。

化粧も楽しみですから。美しくなりたいという思いは、今も変わりません。女というものは、いつまでもどうしようもないものです。

――以前にお目にかかったときより、美しくなったと思うのですが…。変わりましたか？

えっ、そうでしょうか。嬉しいわ。内面がすぐ表に現れてしまう世界だそうですから、そう見えるようになったのかもしれません。

――ご自分で、内面が変わったと思われるのですか。

暮らしぶりは、そうたいして変わらないのですが、引っ越しました。洪水とか干ばつとか、そんなものがないところがよいと思えるようになりました。

小さな町の中で、静かで穏やかな環境です。以前の場所より、物知りの方が周囲に多くいらっしゃいますし、催しもあり、真理を学ぶ場所もたくさんあります。

――真理を学ぶところに連れていっていただけないでしょうか。

場所って言ったって、講話のあるときは集会所ですし、パーティーのような集まりのときは、もっとにぎやかな町の中ですし、そちらと同じようなところだと思いますよ。

――そんな話を、おりょう様の家の静かで質素なお座敷で伺いました。そこには、床の間があって、お花が一輪生けてあります。少し古いような掛け軸に、桔梗《ききょう》の濃い紫が映っています。日本刀と思える刀剣が、置物として置いてあります。

昔、おりょう様が生きていた時代そのものの部屋のように見受けられます。塵一つない清潔なきちんとした佇まい。おりょう様の人柄が偲ばれます。

このように、いつもきちんと一糸の乱れもないような整ったところがお好きですか。

まあ、何にもすることがないですし、家を整えることは、心を整えること、床を磨くことは心を磨くことと思っています。

――私なんぞは、メモはどこかに挟み込むは、それを探して時間ばかり過ぎるは…。整理しきれないもので、すぐ乱雑になってしまいます。反省はするのですが、たちまちまた紙やらノートやら印刷物やら氾濫します。恥ずかしいです。

ホホホ、そんなこと気にしない方がよいのです。ここ、私の居るところは霊界であることをお忘れではないでしょうか。きれいにしようと思えば、苦労なぞいらないわけですから。

ものはあると思えばあるのですし、必要ないと思えばないのですから。ここは究極の整理整頓の極意を知っている方ばかりです。

――お花が生けてありますが、お茶とかお花とか舞踊とかの習い事というものは、この世界ではどういうふうに扱われているのでしょうか。

ええ、大切に、道を極めたいと思われている方は、そういう先生もおられますから習っています。

でも、先生もお弟子さんたちも、そちらとは大きく違う姿です。お金のつながりではないところ、心と心のつながりを大切にします。どの教室での雰囲気も、それは心安らぎ、一人ひとりその方のためという愛にあふれた指導をいただきます。そのような意味では、真理の学びをいただく場であるということができます。

――龍馬先生には、時々お話しをしていただいております。先日も龍馬先生のお宅にお伺いしたばかりなのですが、お元気でした。

龍馬様との思い出は、いまでも胸を熱くします。本当に素晴らしい方とご一緒させていただきました。

――あの方の男らしさ優しさは、天下一品だと思います。世直しにかけたあの情熱や、まわりの者たちを惹きつけてやまない大きな国家意識、世界意識を、どこで身につけられたのでしょうか。

あの方の素晴らしさは自然体です。真から自由自在なのです。あの方にもう一度でもお会いできる境地になれるよう、しっかり真理を学んでいきたいと思っているのです。そう思えるようになってきました。

――ありがとうございました。またいつか、お伺いするときが来ましたらお願いいたします。合掌。

スウェーデンボルグに連れられ、「おりょうさん」にお目にかかって

井上トシ子

おりょう様を訪ね、その世界を垣間見せていただきました。坂本龍馬先生とその当時には珍しい新婚旅行をされた方です。京都のような風情、小さなこざっぱりとした一軒家。いつの間にか部屋に通されていました。とても色白で美しい方、細面《ほそおもて》です。凛とした和服姿、二十～三十代に見受けられました。

以前お伺いさせていただきましたときには、竹細工の職人さんと結婚されていたようでしたが、今は一人でお住まいのようです。心境も変わり、居住エリアも変わったようです。

龍馬様とお会いできるような境地をめざし、真理の学びを重ねているようです。

天上界でも離婚があるのかと思いましたが、一切の憎しみ、こだわりがないのですから、ただ違う境地に行きたいと思っただけのようです。子どもは産まないのですし、物質に対する執着心も一切ないのです。

天上界は思いの世界です。男女の別れにしても、そのような理想的な形なのですね。

第2章

アメリカの指導魂

「日本は対立を避け、賢明な中立的立場を」と、ケネディ様

ケネディ（一九一七―六三。John Fitzgerald Kennedy）。アメリカ合衆国第35代大統領。アメリカ史上最初のカトリック系の、最年少（43歳）で当選した大統領。ボストンに移住したアイルランド系移民の子孫で、父は成功した実業家であり、イギリス大使も務めた。ケネディは、ハーバード大学卒業後、海軍に志願し、第二次大戦後に政界入りを決意し、下院議員、上院議員を経て、ニューフロンティアをスローガンに60年の大統領選挙に立候補して当選を果たした。

63年11月にダラスで暗殺されるまでのわずか三年足らずの大統領期間に、キューバ危機でソ連のフルシチョフ首相と激しく対立したが、しだいに米ソ和解の道を切り開き、部分的核実験停止条約の調印にまで漕ぎ着けた。

ケネディ大統領様1　２００２年７月30日　18：10―19：10

――さっそくお出ましいただきましてありがとうございます。初めまして、井上です。本日は、お話をお願いできるでしょうか。

はい。私も心の準備はしておりました。人を前にしてのスピーチには慣れておりますので、どんなことを聞かれましても、知るかぎりのことをお話ししたいと思います。どんどん進めていきましょう。

――ケネディ様の亡くなられたときの状況は、テレビの衛星放送等で実況放映され、それは大変なショックを世界中の人々が受けたわけですが、そのときのことをお話しいただけますでしょうか。どのようなことでもいいですから。

私は、アメリカ大統領として、分刻み、秒刻みの忙しさのなかで、毎日大変な激務をこなしていたのですが、そんななかで公的にも私的にも悩まされることは多々ありました。アメリカ合衆国の大統領としてだけではなく、世界のトップとしてのリーダーシップを求められました。

それをなんとかやり遂げることができたのは、指導霊団のおかげでした。私の指導霊団の働きは、どなたの指導霊団の働きにも負けないくらいのものだったでしょう。そのことには、いまも深く感謝しています。

世界のトップとも言える立場のアメリカ大統領が、世界中の人たちの前で撃たれて倒れるという悲劇は、偶然にしてはできすぎていると思うでしょうね。しかし、これは予定されていなかったのです。私は当然大統領として、もっともっと世のため人のために奉仕していくつもりでしたが、アクシデントが起きてしまったのです。

当時、取り巻きによるさまざまな悪想念が絶えず私を襲っていて、それは凄まじいばかりでした。たとえば、一番身近な家族からの悪想念は、私を日夜苦しめました。ベトナム戦争の展開も、どうにもならぬ泥沼のような状態になりつつあり、その苦しみは大変なものでした。気の休まるときが、本当になかったのです。

政治のトップリーダーという仕事が、どれほどのものか…。我ながらよくやったものと、今は静かに振り返ることができます。

現在もアメリカは、世界のトップの立場にありますが、非常にきわどいところにおります。私の時代には、ソ連との対立が厳然としてありましたが、今は大国ソ連もなくなりました。一つの大きな国家の力が細分化されたのです。あまりにも大きな力が、世界中に非常に大きな影響をもたらすということは、よくないわけですが、それはアメリカにしても同じです。

物質文明の行き着くところまで、善きにつけ悪しきにつけ行ってしまった文明は、滅びの道を辿るのです。あまりにも神の思いに反する道を進んでしまった国家には、さまざまな現象が起きてくるのです。

これからのアメリカや日本の立場は、どれだけ大きな愛の心をもって、世界のために尽くせるかにかかっています。自分の国だけの私利私欲のためにという政治理念では、これからの地球を救っていくリーダーにはなれません。神の思いに沿った真の政治をめざすべきでしょう。日米関係はますます深まり、ともに相助け合っていかなければ、地球を救うことはできません。

共産圏のトップであったソ連の崩壊により、今、経済的にも外交的にも追い詰められている国があるのですが、「窮鼠猫《きゅうそ》を噛む」のたとえ通り、危険な要素が多々出てきています。さまざまな紛争の火種が地球のあちこちで燻《くすぶ》っています。

…政治を司る指導霊たちの苦労には、いまや大変なものがあります。当然いきつくところまでいき、崩壊し、また新しいものが萌え出るという、ある意味では基本的なことが繰り返されます。どんなに立派に見えているものでも、悪しきものは必ず崩壊するのです。よきものが残るようになっているのです。その法則に則った真の政治をすべきでありましょう。

地球はいま、相当荒れています。傷だらけになりながらも、進まねばならぬときがあります。何が地球にとって大切なものなのかを、真に問われる時代になっています。

地球は人類だけのものでしょうか。決してそうではありません。人類の、そのなかでも力のあるものだけが、我欲を振り回す時代は終わりにしなければなりません。

では、今日はこのへんで。

——ありがとうございました。合掌。

ケネディ大統領様2　2003年4月1日　15：30—16：20

——ケネディ様でいらっしゃいますか。お話をお願いできるでしょうか。年頭に当たり、世界平和のために、日本はどういう心で、また一人ひとりがどういう心をもって生きるべきか、お話ししていただきたいと思います。

はい、よろしいでしょう。私のできるかぎりのことを、またお伝えせねばならないことを話しましょう。リンカーン氏も言われていますが、イラク問題にせよ、朝鮮問題にせよ、このままいけば反発を繰り返さざるをえないところに追い込まれ、どちらも最悪の状態になっていくはずです。

たとえ、どんな事情であれ、戦争などという事態は避けるべきであります。今アメリカでは、悲しいことにどんどん悪想念のエネルギーが高まってきていて、その悪想念のエネルギーを、どこかにぶつけていかざるをえないところにまで来ているのです。その悪想念のエネルギーのぶつけ先が、イラクであり、北朝鮮なのです。

そして、それに他の友好国も巻き込まれていくのですから、世界は秩序を失い、さまざまな困難に直面せざるをえないことになります。これらすべてを学びと言えないわけではありませんが、罪もない子どもたちまでも苦境に追い込まれていくさまは、私たちにとってはたまらないものがあります。

ベトナム戦争のさまざまな事柄が、ようやくここに来て、よき方向に流れるようになり、ホッとしたのも束の間、後のプロジェクトが山積みなので、国家の指導霊はなかなか大変なのです。

日本の立場としては、正面切っての敵国というものはないにもかかわらず、敵国と見なされ苦労するでしょう。が、日本は対立を避けるべきです。どんなときにも微妙で賢明な中立的立場をとるべきです。戦争に参加すべきではありません。どの国とも戦わず、武器をもたず、平和主義を貫き通すべきでありましょう。

その姿勢こそが、尊く輝く日本のこれからの道をつくることになります。そしてその姿こそが、神の望まれる日本の姿なのです。国民の一人ひとりが肝に銘じて平和主義を守るべきです。悪想念に踊らされては断じてなりません。どんな場合であろうとも、戦争に参加すべきではないのです。

天上界の指導霊たちの念《おも》いは、やはり立場上さまざまではありますが、日本という国がもっている貴重な経験を、今こそ生かすべきであり、また生かせる可能性が大きいというのが主流です。

日本が、いまの地球世界の暗闇を照らす法灯となり、私たちと力を合わせ、地球のユートピアをめざしていくべきだと申し上げ、話を終わりたいと思います。

——ありがとうございました。合掌。

「本来人は魂でありますから、自由なのです」と、リンカーン様

リンカーン（一八〇九―六五。Abraham Lincoln）。アメリカ合衆国第16代大統領。ケンタッキーの農民の子に生まれ、雑貨店店員、測量技師などを経て弁護士となり、インディアン討伐に参加したあと、ホイッグ党員として州下院議員、連邦下院議員に選ばれたが、対メキシコ戦争とメキシコから獲得する領土の奴隷制に反対したため、選挙民の不評を買い、ワシントンを去る。その後、ホイッグ党から共和党に移り、北部の支持を得て大統領に当選。そのことにより、南北戦争が起き、リンカーンは、占領地域において、軍司令官の権限で奴隷を解放した。

南北戦争後、大統領に再選されたリンカーンは、南部に寛大な再建策を用意し、南部降伏直後の最後の演説で南部に寛大であるように訴えたが、この演説の二日後に、南部出身の俳優ブースに撃たれ、翌日死亡した。

リンカーン様1　2002年12月31日　12：00—13：20

——リンカーン先生、お願いいたします。

はい、リンカーンです。

——シルクハットを片手にタキシード姿です。体型はかなりスリムですね。うらやましい！

ハッハッ、あの当時は太っている暇がなかったし…。まあ、体質もありますからな。今の時代には、幸せ太りという方が、多いのではないでしょうか。生活環境も文化もかなり充実していますからな。

——世界中が混沌として、明日にでも戦争になっていきそうな気配ですが、どうなっていくのでしょうか。

天上界でも、今はとても大変な思いで新年を迎えようとしています。地球の世界平和を願って止みません。たとえここでどういう方向に進んでも、すべてが神の思し召しであるということに思いをいたし、心穏やかにすべてを受け入れていけばよいのでしょう。

そうはいうものの、戦争になるかならないかは、アメリカにかかっているというのが現状です。アメリカが戦争への口火を切らなければ戦争にはならないし、アメリカが戦端を開けば戦争になるわけで、すべてはアメリカにかかっているといってよいでしょう。そのアメリカの指導を、いま司っている私たちとしては、心の休まるはずがないのです。

私は、どちらかというと戦争が好きな方ではありません。アメリカの国民というのは、積極的に攻めていく好戦的タイプが多い。それに比べると、今の日本国民は芯もあるし、穏やかな民族ですよね。今の世界情勢は、それまで保たれていた大きなバランスが崩れ、だんだん馴らされて、思想も文化も均質化されていく一段階です。

悪しきところは、徹底的に膿《うみ》を出し切る手術を施されていくことになります。ガンは取り除かなければということで、それも力まかせに押さえつけ、手術は必要だとアメリカは武力をちらつかせているのです。アメリカ国民のなかにも、さまざまな考え方の人たちは当然おられるのですが…。

このままでは、イラクと再び戦争状態になるでしょう。本土を遠く離れての戦争ということで、国民に直接戦禍が及ぶということはこれまでなかったのですが、これからの戦争は、さまざまな形で戦禍が及ぶことになっていくでしょう。

アメリカ国民の多くは、戦地に赴く兵士たちを除いて、他人事のように戦争という事実を眺めている場合が多いようです。身に沁みて戦争の厳しさに直面することも、過酷さを知る必要もあるということです。

——一方、北朝鮮との関係もますます厳しくなっていくようですが、この現実をどう思われますか。

イラクも北朝鮮も、独裁者が国政を牛耳っています。最も不幸な状態でありますが、今ここを脱するためには、戦争という大手術を国全体で経験し、悪のエネルギーを根こそぎ消化し尽くさないと、どうにもならないところまで来ているということですね。

攻めて攻めて支配下に治めなければ満足できないアメリカと、今、地獄のサタンの支配下におかれている北朝鮮のぶつかり合いは、もはや避けられません。激しくぶつかり合って、やがて調和されるようになるでしょう。

――当事者間はそれでもいたしかたないでしょうが、アメリカの友好国である日本は、どう進むべきなのでしょうか。日本人としての心の持ち方は、どうあるべきなのでしょうか。

日本は、北朝鮮のかっこうの標的にされるはずです。いうなれば人質のような形です。「日本を痛めつけられて心が痛まないのなら、それでもよかろう。アメリカよ、それではもっともっと日本を痛めてみせよう」というところでしょう。

日本は、戦略の楯として使われていくことになるのでしょう。日本としては、かなりの痛手を被ることになるとは思いますが、戦う姿勢を示してはなりません。仮にも第二次世界大戦後、戦争放棄を憲法に掲げ、中道を歩む心がけを通してきたのです。そこを踏み外すことのないよう、日本としては、凛とした不動心を保ち、姿勢を崩すことのないよう対処すべきです。

国民の安全を最善を尽くして守り、どのような相手であろうとも、大きな大きな仏心をもち、慈悲の心をもってことに当たるべきであります。世界中にさまざまな混乱となって波紋が拡大していくことではありましょうが、その日本の愛の光が世界の法の灯となり、輝き続けていくのです。

そのようにして、日本としての「中道」を模索していくべきです。たとえ甘いと責められても、優柔不断と罵られても、「中道」を堅持していくべきです。不動心です。日本人として国民の一人ひとりが戦争を拒否し、大きな愛の心で相手に向かうべきでありましょう。必ずや嵐は過ぎ去り、穏やかな陽があまねく差してくる日がやってくるのです。

すべてはその日のための地球の浄化作用なのですから、愛の心ですべてを神仏に任せ、じっと耐え、やり過ごすことが何よりも大切なのです。

新しい年を迎えるに当たり、申し上げたいことは以上です。皆様に直接具体的にお伝えしたいと思いました。


——ありがとうございました。合掌。

リンカーン様2　2003年4月20日　16：45—17：30

——リンカーン様、本日はお出ましありがとうございます。

いいえ、こちらこそお話を聞いていただけることを喜んでいます。それで、どういうことをお話しすればいいでしょう。急でしたので、話をどう進めてよいかわかりません。

――本日は、心や魂のことが、この世で一番大切だという具体的な理由をお教えいただきたいのです。

心や魂のことが大切なのは、そちらの世界だけではないのです。天上界でも最も大切なことなのです。

――どうしてでしょう。

人間は永遠の魂をいただき、繰り返し生まれ変わるのです。生命は永遠不滅のものです。そちらでの生涯を終え、人間の肉体を抜け出た魂は、ふるさとである天上界に戻り、再び魂の進化向上のために神に向かい、精進し、努力の道をひたすら歩むわけです。修業の旅を終え、肉体を脱ぎ捨てるときには、「こころ」の他は、何一つもち帰ることはできないのです。

「こころ」とは、魂の芯の部分です。

――霊天上界で言う「心の学び」とは、どんなことを指すのでしょうか。具体的に教えていただけますでしょうか。

「こころ」は目に見えないものですから、つかみどころがなく、その人の観念、すなわちその人の念いの世界そのものです。どう感じ、具体的にどう生かすか、それが「学び」です。他人《ひと》が書いたものや言葉で学び、他人の生き方を見て学び、動物や植物や小さな生き物にも学び、山や石や雲や風や海や森羅万象にも学ぶ。

その学ぶということは「心を磨く」ということです。磨いて磨いて、進化向上をめざすのです。神の御心に向かう喜びと幸せに満ちて進んでいくのです。

――あなた様は、どのようなことをされて、日々をお過ごしなのでしょうか。

私のしていることは、「指導すること」、あえて言えばそういう日々です。個人的な指導もありますし、大きな国家政治の指導もあります。

――どんな国の?

特定の国にこだわってはいられないのです。すべての国が生かされ幸せになることが、私たちのめざしているところです。

――今、世界はいたるところで混乱しているようですが…。

そうです。宗教問題に民族間のさまざまな争いが絡み合い、政治的にだけでは解決できない根の深い問題になっており、私たちも大変頭を悩まされています。

リンカーン様3　2003年4月23日　17:15—17:40

――先日はこちらの都合で途中で止めてしまった失礼をお詫びいたします。

さて、今日お聞きしたいことは、指導霊の先生方は『ユートピア讃歌』も『心音法』もよしとしてくれているのですが、あらためてこの調子でいいのかどうかを、悠一郎先生がお伺いしたいと申しております。大霊界の教えである魂の教えを広めたいと思っているのですが、遅々として進まないことに、内心忸怩《じくじ》たるものがあるようなのですが…。

注　『心音法』とは、悠一郎・著『幸福心音法』のこと。そのなかで、とくに心音について、次のように記している。

心とは　中心なり　柱なり
己を支える元なり　こころなり
心は柱として　腰を据え
心を　中心として
その人すべての　統一を成す
宇宙にも　心あり　柱あり

その心によりて
統一せられしものなり
この大宇宙の心は
人の　思惟《しい》を絶し
人の知覚　及ばざるところなり
ただし　この宇宙の心を察知し
その生命の根心《こんしん》にふれ　歩むとき
人は　威光を放つものなり

心には　音あり
音とは
こころに去来する　響きなり
つよく打てば　つよく響く
よわく打てば　よわく響く
人の聴覚ではとらえ得ぬ
こころの音の波動なり

『ユートピア讃歌』も『心音法』も立派なものです。後世にまで残る尊い偉大な仕事をされたのです。働きをしたのです。

それが、どれだけ魂の教えを広めるために光を放つか。まずは、まわりの少数の人々に神理をゆっくりと説いてやろう、そんな心境でお進みなさい。大勢の人に、大勢の人にという思いが、悠一郎さん、あなたを辛くします。神はそれを望みません。まわりのごく少数の人々に、楽しんで法を説いてゆったりとお過ごしなさい。それで十分です。輝いています。その輝きは素晴らしいものです。

案ずることはないのです。神の道を進むものに、何ほどの不安があろうか。すべてお任せなさい。堂々たる人生を歩んでおられる悠一郎さんにエールを送ります。

――六月に大霊界音楽説法の講演をする予定なのですが、そのことについてはどう思われますか。

堂々とお進めなさい。ご自分のやりたいようにお進めなさい。

――経済的に少し無理をしても進めるべきでしょうか。

そちらの世界では、神の道を進む者には厳しく険しい道しか用意されていません。神の道を進む者に、楽で平坦な道はないのです。しかし、すべて自らが選んで決めていかれたのです。進んでもよいし、そこにとどまってもいい。選択の自由はあるのです。指導霊によっては、本意を全うすべしと言われる方もあるでしょう。しかし、私は、それほどまでに自分に厳しくされることはないと思っています。

ほどほどでよろしい。ゆったりと生きましょう。そのような思いで生きていっても、そちらでの一生は、こちらから見れば、ほんの一瞬のことですから。

――ありがとうございました。大変参考になりました。また、お話をお伺いすることがありましたら、よろしくお願いいたします。

合掌

リンカーン様4　2003年6月17日　17：45―18：55

守護霊「すでにお待ちです」

――リンカーン先生、お出ましありがとうございます。お話をお伺いできますか。

はい、よろしい。何についてお話しいたしましょう。

――地球をよくするために、政治、経済、教育、文化、家庭、男女一人ひとりの心の持ち方、考え方についてお話をお伺いしたいと思います。どうぞ、愛の心で世のため人のために、最後まで間違わず、お話をお受けすることができますようお導きください。

大丈夫ですよ。心配しないで、そのままの心で安心してお聞きください。

質問の内容がとても短時間では話しきれないようなものですので、地球をよくするために、国の指導者はどうあるべきかについてお話ししましょう。

昔、私が大統領だった頃は、まだまだ大自然に包まれ、世界中の人たちは、基本的には物質文明にとらわれていない、大自然に溶け込んだ生活をしていたのです。貧富の差が大きく、貧しい人たちは、それは苦しい暮らしぶりではありましたが、それなりに穏やかな牧歌的なものがありました。ただし、その裏には、私が日夜心を砕いた人種差別による人権問題が大きくありました。

しかし、どんなに困難な問題があっても、一時的には戦争になってしまったとしても、神は正しく導いてくださるのです。すべての人に慈愛をもち、博愛と寛容の精神をもって問題解決を願っていれば、自然にそういう判断が下されるのです。

そして、本当の意味での自由が国中に行き渡ったとき、アメリカはすべてにおいて急成長を遂げたのです。間違った指導者たちが政治を我が物にしている時代には、本当の芽は育たないのです。何人に対しても悪意を抱かず、苦しんでいる人々をなんとか助けたい、救ってやりたいと手をさしのべる政治こそ、本物の芽を伸ばす政治となるのです。ひいては、それが経済も教育も文化も伸び伸びと育てていくのです。

いいですか。政治家たちは目前のことのみにこだわっては、いけないのです。まして、我欲に凝り固まった心で、どんな政治ができるというのでしょうか。神の御心に添った指導者を育成することです。ひいては、それが世界を、地球を救い、素晴らしく輝く大きな光の星にしていくのです。

——理想に向かって、世界中の人々が進める時代が来てほしいと願うばかりです。ですが、現実には理想と夢をもってはいるものの、現世、過去世というものにとらわれ、未来に向かうことが難しい方も多いのではないかと思います。悠一郎先生も、どうあるべきかをお伺いしたいと申しております。

本来、人は魂でありますから、自由なのです。現世にも過去世にもあまりとらわれなくていいのです。ご存じのように、魂は永遠の生命をいただいて、この地上に生き、また天上界に戻る学びを繰り返しているのです。

よろしいではありませんか、のんびりいけば。一度で修めてしまいたいと自分を縛らなくても…。それぞれが現世や過去世というものに、がんじがらめに縛られて、窮屈に過ごしていることを神は喜ばれるとお思いですか。

博愛と寛容の心、慈愛の心、大きな愛の心を忘れさえしなければ、大空へ翔んでみればいいじゃありませんか。心を解き放つことです。

まあ、そちらの仕組みもかなり不自由ですので、みな捨てて翔んでしまえと言えないところはありますが、でも、基本的には翔びたかったら翔べばいいのです。魂は自由だからです。地上をはい回っているアリには、大鷲の心境はわからないのです。

――ありがとうございました。合掌。

スウェーデンボルグ様に連れられて　2003年8月12日　9：50～10：05

――スウェーデンボルグ先生、お願いいたします。霊界探訪のご指導をお願いいたします。

はい、先ほどからお待ちしています。

日々の心の持ち方が大切なことは当然ですが、それのみに心を砕き、小さく小さく縮まることのないよう、魂の大きさは限りのない宇宙大のものだということを忘れてはなりません。その意識をもって、自在に自然に宇宙の光となるのです。

己が光も、他の光も、違和感をもたず、すべて神の御光、愛の光と考えることです。まさに大調和の世界なのです。

天上界を、あなた一人がトコトコ歩き回るというものではありません。大きな意識として、どれだけ天上界の意識と調和をはかれるかどうかが、探訪を果たせるかどうかのキーポイントになります。難しく考えることはないのです。かまえず、ゆったりと自然体で、すべてを神にお任せすればいいのです。そのあずけきる心こそが大調和の心です。

――山脈をはるか下に、気持ちよく翔んでいます。美しく澄んだ青空、真っ白い雲を抜けて翔んでいます。

さあ、行きなさい。お好きなところへ行けるのです。

――大きな黒い翼の鳥になって、大空を翔んでいます。その一羽がリンカーン様、小さな一羽が私です。

注　井上トシ子は、霊界でリンカーンと出会い、ここからはリンカーンとの対話になる。

どうですか、鳥になって大きな翼をゆったりと動かしている気分は？

こうして私は、生前、ときどき大空を翔ぶ夢を見たものです。鳥になるのです。自由に大空を舞い、光の中を自在に遊ぶのです。

世界中の人々の思いが、すべてこのように自由で自在であったならば、戦争も争いもまったく起こらないユートピアになることでしょう。生きるための縄張り争いなど、さもしいことです。

……中断……

あなたのこの再度の試みは成功です。大丈夫です。少し状態は変わったかとも思われますが、何の心配もいらないのです。この今の状態は、まだこれから、ここからが始まりです。

――小さな女の子が無邪気に花を摘んで遊んでいます。ここは、先ほどの世界とはまったく別の世界です。

そうですね。翔んでいた空から降りてみました。このような愛らしい天使のような子どもたちが、思い切り自由に、何の不自由もなく幸せに暮らしていかれるような世の中にしたいのです。愛と思いやりの花で埋めつくされているような、子どもたちが自由に笑顔で飛び跳ねて遊べるような、こんな楽園がほしいと思いませんか。

どの子も平等に、地球上の隅々まで光で満ちあふれ、花で満ちあふれる世界で遊ぶのです。

どんな人も自由です。個人の人権が尊重され、自由も守られている。そのような地球づくりをするのです。天上界では、この夢の実現を目指し、壮大なプロジェクトが繰り広げられています。今、この時代が特別な時代であることは、あなた方のような使命をもった人たち、また、力のある光の天使たちがどんどん地上に降り、活躍しているのを知ることで理解できるのではないかと思われます。

やがて大きな展開が見えてくる時代がやってきます。必ず来るのです。その時代が、そう遠くないことを知っているのも、悪くないことかと思います。

――具体的にはどういうことなのでしょうか。

先ほど申し上げたようなことです。理想郷の出現です。それに向かって地上の人の目にも見える展開が始まるということです。

民族、国家のあり方など、ことごとく意識が変わってくる時代です。当然、教育や文化も変わってきます。資本主義万能の時代の意識もやがて調和され、物質文明、科学文明がすべての進化を牽引していく主力となる時代も終わりを告げていくのです。

それによって、国と国の、また民族間の悲しく辛い闘争、醜い宗教戦争など、すべて歴史のなかの語り草になっていくのです。霊性の時代です。幕開けです。長い長い地上人類の歴史的変遷のなかで、これほど大きな転換ということもなかったと思われます。

これからの人類は、常に大きな翼を広げ、生きんがための小さな小さな縄張り意識なぞ、かなぐり捨てて大空を自由自在に翔べる意識であるということを受け入れ、自覚すべきでありましょう。

私の天上界での仕事は、常にこのような壮大な地球のドラマ作りに関わっているのです。人というものは、常に夢も理想も大きく生きていってほしいものだと願っています。

さてさて、あなたもご苦労なことです。生きていながら、霊界へ戻ったり地上へ帰ったりしているのですから。普通の人たちと大きな意識の差が出てしまうのは当然です。地上の人たちに合わせる必要はないのです。合わせるのではなく、すべてを包んで受け入れてあげるのです。

悠一郎さんは、今、体調が悪いのですね。あらためて光をさしあげましょう。この方は、大きな意識をもっておられる方です。大切に大切に光を入れてさしあげましょう。

念いを大空へ翔ばしなさい。私と一緒に翔んだことを思い出すのです。天上界に来られる方など、めったにいないのです。来ても、そこそこ下の世界です。

——ありがとうございました。

さて、先ほどの話のなかにありましたプロジェクトについてなのですが、どういう方たちが集まって、そのような壮大なお話などをされるのでしょうか。

そりゃ、さまざまな方です。私を含め、このプロジェクトに関わる人たちは、各分野に分かれ、数知れないほどいますが、身近にはガンジーさんがいますね。坂本龍馬氏もいます。すべては神の御意志に沿って働かせていただいているのです。

大きな歓びをもって、使命感に燃えています。私たちはいつも青年の志をもって、夢と理想に向かっているのです。どうぞ、時々は大きな翼で空を翔んでください。

合掌

――そう熱く語るリンカーン先生でした。

ゆったり脚を組み、白いスーツの上下の、面長で形のよいひげをたくわえたお姿でいらっしゃいます。にこやかに、それでいて、いかにも政治家であったリーダーとしての自信と威厳に満ちた方でいらっしゃいました。

リンカーン様5　2003年9月26日　9：30〜10：40

注　この日、井上トシ子は、最初スウェーデンボルグをお呼びしたが、すぐさまリンカーンに変わった。

——スウェーデンボルグ先生、お願いします。

さあ、とても気持ちよい光の中を翔んでいます。そのまま光に向かっていればよいのです。

——リンカーン先生、お願いします。目前にどういうわけかパッと紙が広がり、私が思いのなかで世界地図を描いているのです。

あなたの描こうとしている世界地図は、ハッハッ、完全にでたらめですよ。平面図に慣れているので、地球が丸いという実感が薄い。実に人の感覚というものは、幼稚で見てはおれません。決してあなたのことを申し上げているわけではありません。一般論です。平面図のような感覚で世界をとらえ、丸い地球を忘れています。宇宙の中のほんの小さな星であることを忘れている。知識としての世界にとらわれてしまうからです。

大きな意識で全体をとらえ、的確に個々の判断ができるようになるためには、日常の目先のことにいちいちこだわりをもたないことです。めざすものをしっかりと自覚し、些細なことには心を動かさないことです。そうは言っても、地上の人間にはそれが難しい。時々日常から離れ、心を解放することが必要なのです。

しかし、これなぞは、一般の人の心得です。大きな使命を背負っている者たちにとっては、この段階は卒業していなければならないはずです。すでにゆったりと上空を翔び、地上の有り様をつぶさに見せていただいている心境でしょう。どうしたらこの地上を、光に満ちたユートピアにできるか、心は思索を続けていることでしょう。

――はい。私たち二人が神理に向かう魂として、どう未来や希望に向かい、大いなる理想をどう実現し行動していけばよいのか、お伺いいたします。

現実にしがみついて生きている地上の人間にとって、霊界の方々からの指導は、あまりにも現実離れしていると思われがちです。ですから、それはあくまでも理想と理解すればよいのです。その点をとらえ、決して無理をしないことです。人間は働くことにより、食べて生きていかねばならないからです。無理をして翔んでも、重くてたちまちアクシデントを呼び込み、まわりを不幸にするばかりです。

思いは大空を大いに翔び、ゆったりと展望を楽しむ心境を養えということです。二人で心を合わせ、霊信を配り、コツコツと奉仕を重ねていけば、いつの日にか、大きな大きな翼を身につけ、翔ぶことができる日が巡ってくるのです。日々の積み重ねが心境をいやが上にも高め、大きな希望となっていきます。

まだ始まったばかりです。四、五年も続けてごらんなさい。とてつもなく大きなエネルギーが蓄積されているはずです。日々信じこれを行う。この心境こそ大切なのです。

――ありがとうございました。合掌。

「反対勢力の思想や文化を軽蔑してはならない」と、キング牧師

キング（一九二九―六八。Martin Luther King, Jr.）。ジョージア州の有力黒人牧師の家に生まれ、座席の差別待遇に対するバス・ボイコット闘争を、マハトマ・ガンディーとキリストの愛（アガペ）を結合させた非暴力直接行動によって成功に導いた。その後、五大黒人組織を団結させ、世論を喚起して二つの公民権法を成立させ、政府の戦争政策が、黒人問題の基幹をなす貧困と深く結びついていることに気づき、反戦運動を行い、ノーベル平和賞を受賞する。68年4月、テネシー州にて凶弾に倒れる。逮捕歴30回以上。

キング牧師様　2003年11月20日　10：40―11：20

ああ、よろしいですよ。喜んでお話しさせていただきます。あなたが私を呼んでくださることは知っていました。必ずそのときが来ると信じていました。

私はあなた方の活動を知っています。さまざまな困難が、行く手を遮《さえぎ》ります。それでもくじけず、地球ユートピア実現のため、大きな夢をもって取り組んでおられる姿に感動します。

今、このような小さな小さな組織が活動を始めています。たくさんあるのです。お互いに知らないだけなのですが、勇気をもって、地球の愛と正義と真理のユートピア実現のために立ち上がり、声を上げています。

心配しないで、思う存分声を大にしなさい。嘲《あざけ》る者、暴力で押しつぶそうとする者、反対のエネルギーをぶつけてくる者たちが、必ずいるものです。私たちには、そのような者を恐れたり、妨害に挫《くじ》けたりする暇などないのです。互いに手を取り、一歩一歩進むのみです。

反対する勢力にも、必ず大義名分があり理屈があるものです。決して憎んだり嫌ったり、その思想や文化を軽蔑したりしないことです。愛の深い包容力と思いやりをもって、向かい合うことです。

すべて人は神の子、白人も黒人もないのです。異教徒もカソリックもないのです。宗教の壁を越え、国境も越え、地球は一つ、神のもとに融合されるべきでありましょう。アメリカもアフリカもないのです。すべては、神の意識、美しい星、地球の住人なのです。

戦争や闘争が果てしなく繰り返される人類の歴史に、神はどれほど心を痛めておられることでしょう。差別と人権をないがしろにしている古い世界を、私は、新しい世界にしたいと願って生きてまいりました。さまざまな迫害や困難がありました。毎日毎日が苦しみの連続でありましたが、暴力に対しては、神の力で立ち向かう勇気をいただいていたのです。

本当に私の言葉に耳を傾け、戦ってくれた人たちに感謝しております。今、天上界においても、私の念いは一つです。働きかけねばならぬことが山積みしております。鉄条網を張りめぐらし、悪の言葉を囁き、人々の心を鎖でつなぎ止めようとしている者に支配されぬよう、勇気をもって人々に働きかけていただきたいと願っております。

――ありがとうございました。合掌。

第3章　東洋の指導魂

「涙一つこぼれたら、その分相手の幸せを願うがよい」と、良寛様

良寛（一七五八―一八三一。宝暦八―天保二）。江戸後期の禅僧・歌人・書家。越後の名主と神官を兼ねる旧家の長男として生まれ、曹洞宗光照寺に入って剃髪し、良寛を名乗った。円通寺の国仙の得度《とくど》を受け、国仙入寂の後、諸国行脚の旅に出たが、父・似南が京都桂川にて投身自殺したため越後に帰郷し、近辺の草庵を転々とする。農民と親しく接触し、子どもたちとの交流のエピソードを残したのは、このときのことである。

70歳の年に29歳の貞信尼と出会い、二人は贈答歌『蓮《はちす》の露』を残した。貞信尼は良寛のもとに五里の道を通ったが、決して泊まることはなく、彼女が泊まったのは良寛が死去した晩だけだったという。

腹を割れば中身は同じ　2002年12月6日　9：30―9：55

――良寛先生、お願いいたします。


はい、よいだろう。どうぞ、なんでも聞いてください。私に答えられないものはない。男の問題でも女の問題でも、地獄の問題でもなんでも請け負います。大丈夫です。

深刻な顔して生きても、笑って生きても、一生は一生、気楽に生きていかなきゃ損々。いちいち悩みを腹にしまって、悟っていますから、こんなことは人には見せられませんなんて、しまっておくものだから、タヌキのようなお腹になってしまって、人をだまくらかしたくなるのです。そうこうするうちに、やがて太い尻尾がヒョイと出てきてしまうんです。

いいじゃないですか。人なんて、そりゃあ愚かしいもんです。偉そうな素振りをしていても、たいした違いはないもんです。腹を割ってみれば中身はみな同じようなもんです。自然体でいいんです。ありのままでいいんです。光の天使ですと言われて、「なんとか頑張って、役を果たして死にたいものだ」と。その思いは立派だと思いますよ。私なんかから見ると、「いやあ、この人すごいよ」と、尊敬したくなるけれど、一方では誰だって使命というか、果たすべきものをもって生まれてきているわけですから、それなりに誠実にやってきた者ならば、それなりの成果を成し、それなりの学びを得て帰ってきているものなんです。

どんな者にも悟りを与えられるのが神仏であるとすれば、何も使命使命としゃっちょこばることはないと思いませんか。

それならばそれで考えてごらんなさい。楽しいことがたくさんあるではないですか。相手だって、だいたい真面目に人間やっているわけですから、霊界を否定して、いかにも人間くさく生きていたとしたって、その魂にとっては、今はそれで十分なのだと認め、受け入れてやれよということだって、言えるんです。

もっともっとおおらかに。人の心に自分流の物差しを入れてはなりません。

本来、魂は自由です。地獄に生きても学びはあるはずですし、必ず目覚めるときは来るはずです。本人がその気にならなければ、どうすることもできないのです。求めてこなければどうにもならないのが法則です。その顕《あらわ》れを、あなたたちは毎日毎日いやと言うほど見せつけられて、ベソをかいているわけです。

だからといって、そういう人たちを放っておいていいはずはないのですが、それなりの導き方でいいのです。山羊には山羊の、人食いライオンには人食いライオンの導き方があるのです。何事もゆったりと、この世に沿った生き方をしながら、自分たちのできることを気づきでやっていけばよいということです。

美しい自然に浸り、心身ともにリフレッシュというのか、最近の言葉は難しいですねえ。ま、六十代だったら、まだまだ体力もあるでしょうから、できることを思い切って行動に移し、自分の思いを不満だらけにしておかないことです。自分が幸せになれないで、人様の幸せばかり願っているのを見れば、私たちには、哀れで哀れで見ておれない。

そりゃあ、人助けをして与えられる歓びが何ものにも替えられない大きなものだとはよくわかっていますが、それはそれ、これはこれ。この世の人間として、生活の充実をはかることも、この際必要なことであり、後々の息の長い奉仕活動を安心してするためには、大切なことだと言っておきましょう。

——ありがとうございました。合掌。

男と女の愛について　2002年5月26日　10：40—11：30

——お話しいただけるそうでありがとうございます。

ああ、よい、よい。はい、どうぞ。どんな話をしたらよいかな。

——お忙しいですか。

忙しいはずはなかろう。私は忙しいのが嫌いでの。

——今、どういう世界にいらっしゃるのですか。

仙人のように雲の上にいると思うか。

——いえ。でも、何か雲のような白いものが、一面に見えますが。

雲海だ、雲海。この切れ目から下を見てみろ。ああ、だめか。あんたにはそこまで見えないか。

私はそういうことが好きなのだ。雲の切れ目から覗き込んだりすることが。真正面から見るばかりでは面白くなかろうが。斜めから見たりする方が好きなのでね。

――高いところにお住まいのようですが、海はどうですか。お一人でお住まいですか。

海も嫌いじゃないけど、少し離れているかなあ。いまは一人じゃよ。

――結婚はどうなのでしょう。そちらでは、結婚されている方というのは、いらっしゃらないのですか。

まあ、一人だ。一人が多いね。結婚している人って、私のまわりにはいないのではないだろうか。

――良寛様は、男と女の愛についてどう思われますか。

世の中には、男と女しかいないわけだから、男は女をほしがるし、女は男を慕っていくのは当然だなあ。

――天上界では、そのような話とか思いというのはタブーでしょうか。地獄へ通じやすいという思いは、どういうふうにやり過ごされるのでしょうか。

そんな、どう包み隠そうか、どう押しつぶそうか、どうごまかそうかという思いをもってはいかん。自然のままでよろしい。どうしてもそのような思いにかられるときは、そのような自分であることを、おおらかな心で受け入れればよい。

とらわれる心、ひっかかる心がよくない。何度生まれても、男と女しかいないのだから。そのたびに、いろいろなひっかかりが生じてしまうのが常だな。人間はおおらかになるべきだ。本来、魂はもっと大きなものなのだ。おおらかに、ゆったりと楽しんで生きるべきだと信じている。

絶世の美女に恋をしたい、自分の子を産ませたい、ステキな男に抱かれたい、愛する人の子を産みたい…。それが大自然の法則なのだ。どこにとらわれ、ひっかかることがあろうか。

――では、良寛様は、今現在の心境もそうなのでしょうか。

今も昔もあるものか。法則なのです。それが自然なのですから。

――転生輪廻についてお伺いしたいのですが。

何度も何度も生まれ変わって、そちらに行っては苦労をして、こっちに帰ってくる…。魂というのは、孤独なものだ。孤独な旅人よ。

そして、すべては自分の責任のもとにおいて、原因と結果の法則に生きるわけだ。しかし、だからといって、深刻ぶっちゃいかんのよ。だからこそ楽しんで、ゆったり自然体でいかないとやっていかれない。かしこまって縮こまって、汗水垂らして修業して…。なんていうのは嫌いだね。

せっかく生まれたんだから、自然に生きるんだ。恋もし、うまいもんも食べ、学びもする。旅もできたらしてな。

だからといって、自分を楽しませることに専念せよ、と言っているのではないぞ。あくまでも、生き方の基本姿勢を言っている。慈しみの心、世の人々のために尽くす心を忘れてはいけない。前世のこと、来生のこと、そんなこともあまり考えないようにしているね。

そちらへ生まれていくことも億劫でね。

涙が一つこぼれたら　2002年7月25日　18：00―19：40

――まん丸く大きなお月さま、湖ですね。松の枝が黒々と影をつくっています。

湖水はあくまでも静かに泰然としておるな…。心の中で気持ちのよい風を感じるであろう。これが私の心境だ。このような自然の心を、我が心とするのだ。

月が大きいから、そっくり湖に映っていなければいけない。湖は湖らしく、美しいさざ波を感じなければいけない。

松は松林だろうか。一本なのだろうか。ここはどこだろうかなどと、詮索しながら見ていれば、ろくなものは見えてこない。人の心というものは、美しくも醜くもなる。自分の心の持ち方次第というのは、こういう意味だ。わかったか。絶えず、この心境を思い出すことだ。

つまらない世のしがらみなど、どれほどのものだろうか。辛いと思えば辛い。それもこれも、心を磨く研磨材と思えばよい。

涙がひとつぶこぼれたら、その分相手の幸せを願うがよい。ふたつぶこぼれたら、その隣の人の幸せを願うがよい。三つぶこぼれたら、またその隣の人の幸せを願うがよい。

どうだ、この世に完全に幸せな人などいると思うか。皆、それぞれしがらみがあり、それなりの苦しみを背負っているものだ。「どうか私の苦しみをなくしてください、私に幸せをください」なんて願うヤツには、一生かかったって幸せなんか回ってこないということだ。

よいか。おまえの心は世の人々のために使われるためにある。自らの小さな欲のためにあるのではない。世のため、人のために生きるということは、そのような心境である。

己を捨てよ、我欲を捨てよ。

あれを聞こう、これを聞こうと用意しないで、ときには今日のように、あえて空《くう》の状態で臨むことも、これからは必要になってくる。指導されるということが、一段と必要な段階に来ているからだ。それほど、今、こちらから指導していきたい、知らせていきたいという念いが膨れ上がっている。

今日は、私らしからぬことを伝えた。

世の人々は、良寛というと、こういう人物というレッテルを貼って決めてかかってくるので、それらしく振る舞うのが億劫である。私らしく、私のこのようなところも知っていただければ幸いです。

おまえのこれからは、ますます自分のことになど関わっていられなくなる。どんどん変わってくる。喜んで自分を投げ出すこと。それでこそ本物のおまえに近づくことになる。

すべての表面意識を捨てよ。

世のため、人のために身を捨てよ。

己の心を磨け。

悠一郎にすべて心を預け、安心せよ。先に一点の不安もない。では、今日はこのへんで。


――ありがとうございました。合掌。

光のエネルギー　2003年10月10日　9：15―10：00

注　井上トシ子は、スウェーデンボルグに連れられて、霊天上界にやってきた。

――緑の平野や山脈の上を、雲の合間をぬって少しの間翔んでまいりました。良寛様、お願いいたします。

どうしても私の世界を見たいというのか。見えないでもよかろうが。私の世界は光そのもの。なかなか見渡してみることのできるものではなかろうに。どこまで行っても、広々とした雲の上のように感じるだろう。実際、何もない。

――何もないとおっしゃいますと……。

実体は光エネルギーであるからと言っても、つかみにくいであろうが、意識そのものであるから、何も必要はないということです。家も、人間として必要なあらゆるものは、何もいらないのです。

――では、どのように日々をお過ごしでいらっしゃいますか。

日々をお過ごしでいらっしゃいますかと言われても、一日中毬つきをしているわけでも、雲の間から覗き見ばかりしているわけでもありませんよ。

私たちの意識というものは、大きな一つの組織体というか、エネルギー体なのです。ですから、その活動は一刻《いっとき》たりとも休まず進められているのです。宇宙のあらゆる意識体との交信、地球人類のための活動、それぞれの分野であらゆる働きを活発に行っているのです。政治、外交、文化交流、経済…。地上のそれとまったく同じです。

天上界の動きは、そちらからはまったく見えぬだけに、ウソに聞こえるかもしれぬが、他の星との交信も、日常茶飯事であるし、当然交流もあるのです。アメリカとの政治外交ばかりに骨身を削っている今の日本の政治家たちが聞いたら、驚く話だろうが…。

さあ、選挙だあ、金を出して一票をかせがねば、などなど、政治家たるもの、こせこせしていてはどうにもなりませんよ。そんな人たちには、霊界新聞を見せてやりたいね。

私たちは、地球人類の進化があまりにも遅れているということで、少し恥ずかしい思いをもっているのです。地上の人たちには、まだ知られていない意識体が、こちらに深い愛のまなざしを送ってきています。地球意識なぞとは比べ物にならない、神近き愛念です。

それほど進化した意識体もあるということを知って、自分たちの星、地球が、今、情けないほど苦しみ呻いているという実態を、一人ひとりがどう真剣に受け止めるかでしょう。

少し大きな話になりましたが、私が存命中の質素な一間四方《いっけん》の足元ばかり見つめるような意識と、あまり変わらぬ今の人々の思いを、存分に広げるときがそろそろ近づいてきているのです。

さあ、夢をもって、理想をもって、しっかり手をつないでいくのです。

――ありがとうございました。合掌。

「無抵抗主義は人間の法則なのでいまも有効」と、ガンディー様

ガンディー（一八六九―一九四八。Mohandās Karamchand Gāndhī）。マハートマー（偉大な魂）と称され、大衆に親しまれたインドの政治指導者、思想家。小藩王国ポールバンダルの大臣の長男として生まれ、ロンドン留学で弁護士資格を得て一時帰国し、南アフリカに渡る。そこで、インド人年季契約労働者の市民

権獲得闘争を、大衆的非暴力抵抗方式により成功へと導く。
第一次大戦勃発後にインドに戻り、イギリス行政の象徴である塩税の侵犯(塩の行進)に始まる第二次サティヤーグラハ闘争を、農民大衆を含むインド内のあらゆる階級・階層の人々を組み入れた反英政治闘争として闘った。このとき、あまりにも非暴力に徹し、闘争が階級的色彩を帯びることを嫌ったため、大衆的反帝国主義闘争の推進を妨げることもあった。インド独立後の48年1月30日、狂信的ヒンドゥー主義者の手によって暗殺された。

ガンディー様　2003年5月10日　15：25―16：30

――ガンディー様、本日はお出ましありがとうございます。井上と申します。どうぞよろしくお願いいたします。

はい、私もとても光栄に思っています。何をお話ししたらよろしいでしょう。

――無抵抗主義をなぜ唱えられたのか、現代においても必要かどうかお伺いします。

無抵抗主義というのは、人間の法則です。武器の力を借りた暴力は獣《けだもの》の法則です。今の時代においても、それはそのまま当てはまります。荒れた世であればこそ、これが必要でしょう。私は、本当の平和社会の実現を願い求め、どんな圧迫にも挫けず、生涯、自分の主義主張を貫いてまいりました。

しかし、悲しいことに、時代は変わっても、二つに分かれた祖国の対立はいっこうにおさまらず、宗教的な溝も深まるばかりです。カースト制の差別問題も、ますます根深く、複雑な影を落としているようです。発展途上国における国づくりは、弱い一人ひとりの国民の幸福をめざさなければなりません。

もとは同一国であったパキスタン（注）とインド連邦が、相争ってどうするというのでしょうか。相手の宗教を否定し合ってどうするのでしょうか。どうして、同胞が憎しみ合わなければならないのでしょうか。

「核の力を行使するぞ」と脅し合って、どうするというのでしょう。何の解決になるというのでしょう。

ヒンズー教もイスラム教も、原点やめざすものは一つのはずです。武器で争うのではなく、相手の立場を思いやる心で話し合いを重ねてほしいと願うばかりです。そして、一つの祖国、一つのインドに立ち返るべく心を一つにすべき時代だと思います。

今、発展途上国と言われている国では、国民一人ひとりの幸福にまでは、とても手の届かないというのが現状です。貧しさや病気のために、人権はもちろんのこと、生命すら保証されていないような人たちさえ、大勢いるのです。国を引っ張っていく指導者、政治家たちは、神仏の心に焦点を合わせ、国民一人ひとりの幸福を願った政治をめざしてほしいと願っています。

注 インドを挟んだ東西二つの部分が、一九四七年に英領インドから分離してイギリス連邦内の自治領となり、その後に共和国となる。さらにそののち東西の対立が激化し、東はバングラデシュとして分離独立した。

――あなた様の熱い思いは、十分に理解することができました。さて、質問を変えてよろしいでしょうか。わが師である悠一郎先生とつながりがあるのでしょうか。『ユートピア讃歌』、『幸福心音法』をご存じでしょうか。

天上界には、そういう曲が流れています。しょっちゅう流れています。素晴らしいメロディです。そのなかに、悠一郎さんの曲も流れているのでしょうね。残念ながら、私は、悠一郎さんの曲として意識して聴いたことはありません。『心音法』というものも、どういうものかわかりませんが、さっそく学んでおくつもりです。

――ありがとうございました。合掌。

「人は神の分御霊《わけみたま》、一人ひとりが神の子」と、老子様

老子。生没年不詳。その著述と伝えられる書物も『老子』と呼ばれる。『史記』老子列伝には、楚の人、周の役人となるが、その衰運を見定めるや西方へと旅立ち、途中で「道徳」に関する書を書き、いずくへともなく立ち去ったとある。この記述をそのまま歴史事実とすることはできないというのが、現在の定説である。前五世紀に老耼《たん》という名の隠君子がいて、これが老子の原型であったろうといわれている。

老子は、のちに天竺《てんじく》に行って仏教を興したという老子化胡《けこ》説話や各朝代ごとに転生して歴代帝王の師となったという老子転生説話などもある。道教の始祖である太上老君も、老子とされている。

万物を生成消滅させながら、それ自身は生滅を超えた宇宙天地の理法としての「道《どう》」であるというのが、『老子』の根本概念であり、その在り方を示すのが「無為自然」であり、これを体現する人物が「聖人」である。そして、この「聖人」が現実世界で真の成功者となるには、他と争わない濡弱《じゅじゃく》謙下、外界にあるがままに順応してゆく因循主義、人為的な制度によらず人民に支配を意識させない無為無事の政治などが強調される。

日本では、聖徳太子の『三経義疏《さんぎょうぎしょ》』中に《老子》の引用が見られるが、本格的に普及したのは鎌倉室町期である。この時期に禅文化が隆盛し、禅思想に近いことから老荘思想への関心が高まり、江戸時代の林羅山に受け継がれ、徂徠《そらい》学派、折衷学派による文献学的研究により、原義に関する大きな成果が挙げられた。

老子様１　２００２年５月21日　10：00―10：50

――老子様でいらっしゃいますか。本日はお出ましありがとうございます。井上と申します。さっそく素晴らしい景色を見せていただき、感激してしまいました。ここはお住まいなのですか。

そうです。

――こういうところが、お好きなのですか。

はい、大好きです。はるか遠くまでの大パノラマですね。こせこせと下の方に住んでいることはないのです。大自然の中にゆったりと生きることが大切なんですよ。

――私の恩師である悠一郎先生の魂が、老子様にそっくりで、老子様のお考えも生き方も大好きだと言われています。老子様と悠一郎先生とのつながりを含めて、今後どういうふうに進めばよいかをお伺いしたいと思います。

小川悠一郎さんとのつながり、これは太いつながりがあります。過去世において、幾度もともに修業しました。あなたもご一緒だったと記憶しています。

そちらにいると、本当に不自由ですなあ。何一つ思い出せないんですから。ハッハッ…。あの頃もあなたたちは仲がよかったなあ。

――えっ、そうでしたか。どこに生まれたのでしょうか。

インドとか中国とかネパールの辺りとか。僧になったり学問をしたり、いつでもそんな生き方を望んでいます。魂には傾向というのがあるのですが、それが今とそっくりですね。面白いですね。ゆったりのんびりで博学、好奇心旺盛というか。

――悠一郎先生の『幸福心音法』、『ユートピア讃歌』は、老子様の自然法に入るのでしょうか。老子様の教えに沿ったもので、外れてはいないでしょうか。

悠一郎という人は、ああ見えても筋金入りなのです。『心音法』…なにも案ずることはない。自然法にかなったものです。完全です。何の手を加えることもない。『ユートピア讃歌』、素晴らしいですね。清らかでいいですよ。寝ころんで聴いていると、寝てしまうんだよ。

あんな素晴らしいものに、人間たちが振り向かないとは…。心のスモッグが厚くなっている証拠であり、実に嘆かわしいね。

いいんだよ。聞いてもらえるチャンスができたときに、聞かせてやれば。その繰り返し。『心音法』もそうですよ。気負わないで、あきらめないで、淡々と繰り返していればよい。幾度となく打ち寄せては引く波のようにね。ゆったりと、のんびりとやってください。慌てず騒がず、よいものは必ず残る。目先のことにこだわらなくてもよろしい。

悠一郎を心から応援している仲間が、天上界にはたくさんいるんだよ。孤立無援だなんて淋しがらないでいいんだよ。立派に使命を果たしているよ。あまり力んでしまうと、かえって逆行するかもしれないと、私は見ています。今の行き方で十分。さわやかに人々の心に安らぎを与えていってほしいと願っています。

――「大自然を心として生きよ」と言われる老子様の教えからご覧になって、今の世の中をどう思われるでしょうか。アドバイスをいただきたいのです。思われているることをなんでもお話し願いたいのですが。

今の世の中は物質万能です。まあ、それを文明の進歩と言えなくもないが、心の中に目を向けてみたらどうであろうか。表面ばかりに気を取られて、大昔の人たちよりも、お粗末な心をもった人間に成り下がってしまっているのではないか。

大昔の人たちは、とくに科学文明の程度こそ低かったものの、人としての素晴らしい愛の心をもっておった。誰に教えてもらわなくても、大自然に沿った深い神の心を知っておった。今の時代はどうだ。嘆かわしい。本当にどうにかせねばならぬときが来ていると思っています。

悠一郎さんは、大変な時代に降りている。感心します。ボォーッと釣りをしている姿を見るにつけ、悠一郎さんの苦労に感謝しています。天上界で応援していることを忘れないでほしい。

――ありがとうございました。どんなお言葉よりも、先生はお喜びになられると思います。また機会がありましたら、お話しお願いいたします。合掌。

「天上界」に「老子様」をお訪ねして

井上トシ子

老子様のいらっしゃるところは、それはそれは素晴らしい眺めのところです。私の見せていただいた天上界の中では、最高に素晴らしい大自然の環境のなかにお住まいです。

老子さまのお住まいは、しゃれた中国風の建物なのですが、それは広々として芝生に囲まれた目の覚めるような緑の丘陵に建っています。そのため、眺望は三六〇度にわたってひろがっていて、はるか遠くに白い山脈が浮かび、右手には海が広がっています。

はじめは、昼間の素晴らしい景色を見せてくださいましたが、間をおかず、夕焼けに染まる天上界の空の一大パノラマをも見せてくださいました。気取りのひとかけらも、気難しさもない、堂々とした優しさで、私のような者に接してくださいました。そのお心配りに、深いお人柄が偲ばれました。

老子様2　2002年6月14日　6：05―6：45

――老子様でいらっしゃいますか。素晴らしい景色を見せていただきありがとうございます。光の量を加減して見せていただきましてありがとうございます。今はなにも見えなくなりましたけど、もう一度私の見える明るさで全体を見せていただけないでしょうか。

おまえはなにを考えておる。別のことに気をもっていってはいかん。

――はい、申し訳ございません。お願いいたします。なんでもお話しいただきたく思っています。町田のコンサートはいかがでしたか。

ああ、よかったじゃないですか。真心が伝わってくるんだねえ。それがいじらしいほど伝わってくるんだねえ。心から感謝ですよ。こういう思いが大切なんです。この思いが、皆さんにジワジワと伝わっていくのです。中身そのものより、この真心が大切なんです。

真心さえみなさんに伝われば、みなさんはそれぞれに、必ず何かをつかんでくれるはずです。

大変なものですよ。この道を地ならしをするところから始まって、道をつくり、一歩一歩進んでこられた悠一郎という魂の底力に、私たちは圧倒されています。私はのんびりしているようですが、見るところはきちんと見ています。ほどほどにやっておくことです。あまり熱心に、こればかりに力を注がなくてもよろしい。しばらくは、少しのんびり釣りでもして過ごしなさい。次なるものへのエネルギーが湧き出してくるでしょう。

悠一郎さんのやらんとしていることが、きちんと筋道が立ち整理がついたいま、あとは格別に広めようと思わんでもいいのです。要は、どれだけ真実のものをつくり上げられたか、本物をつくり上げることができたかです。

それができれば、本物は必ず残るようになっているのです。無理をする必要はないのです。自然にまかせて、流れのままに説法が必要だと思ったときにすればいいし、やりたくなかったらしないでも、さしつかえはない。悠一郎さんのこの間（町田のコンサート）のやり方は、なかなかよかったと思っています。

客というものは、正直なものです。だからと言って、客に無理に合わせる必要はありません。ときには客の心を釘付けにし、集中させる演出を散りばめておくことも必要かもしれません。
読むよりも対話方式にし、客も入って対話する場というものが、あってもよいのではないかと思います。一体感というやつですかね。そういうものも考えてみたらどうでしょう。それにしても、『ユートピア讃歌』はいいねえ。至福の時をいただきました。私は寝ころんで聞かせていただきましたが、いやあ、よいもんです。

——私たちの活動というものは、「生命」「ユートピア讃歌」「霊信による説法」の三つをテーマに進めていってよいものでしょうか。

そうです。これを一つにまとめて、わかりやすく伝えていくのです。客もこれで退屈しないでしょう。全部揃っちゃいましたからね。悠一郎のすべてを出し切るのです。すべて出し切り、空っぽになったら、次なるものがどんどん湧いてきます。そのインスピレーションを大事にしていくように。

——はい、ありがとうございました。合掌。

老子様３　２００２年７月４日　９：10―９：40

――きれいな水の色です。

明鏡止水、こういう言葉があるのを知っていますか。水の彩り一つにしても、単にきれい、美しいというのではないのです。さまざまな色があり、美しさがあるのです。受ける光によって、人の心というものも、さまざまな彩りとなるのです。

いいですか。心そのものは、誰の心も美しい純なるものです。それは受ける光によって、変わってくるものなのです。心にからみついているさまざまな汚れ、想念を洗い去り、磨きなさい。

どんな美しい彩りにでも、人の心は輝くものなのです。

注　明鏡止水は荘子《そうし》の徳充符《とくじゅうふ》に出ている言葉。「人は流水を鑑《かがみ》とすることなく、止水《しすい》を鑑とし…、鑑明らかなるときは塵垢《じんこうど》止まらず、塵垢止まるときは則ち明らかならざるなり」

――はい。

泣かなくてよろしい。

――恥ずかしい思いでいっぱいです。自分の心が純粋であるかどうかで、相手も、物事の見え方も変わってくるということですか。

そうです。あなたの心次第で、相手も変わってくるのです。相手を悪くするも善くするも、あなた次第なのです。大きな愛の光になることです。小さくねじ曲がった光など、大きな愛の光には太刀打ちできないのです。その心を忘れてはなりません。

――申し訳ございません。大きな慈悲の心を忘れておりました。感謝いたします。

「自分にはきびしく、他人には優しく」です。私が、いつも口を酸っぱくして教えておったことを思い出せないでいるのだから、三次元というものは難しいものだ。わかったら泣かなくてよろしい。

――はい。今日は、私のようなものに突然に霊道が開けてきたのは、どういうわけか先生に教えていただきたいと思いまして、お出まし願いました。

なにを言うか。突然に霊道が開けるなどということがあるものか。そなたがどれほど苦しい修業をして、この道を進んできたか、私はよく知っている。私が、そなたを知る以前から神理を学び、あらゆる学問を学び、真の相手である人に尽くすために、その愛の一念で修業してきたではないか。

その思いが、ここで神に認められ、お許しが出たということだ。安心してよろしい。安心してゆったり過ごすことだ。なんの間違いもない。そなたの尽くしたい人に尽くすがい い。それが自然だ。神もご存じのこと。今の三次元の暮らしなど、一瞬のことである。その後には、大きな喜びの世界が待っているのだから、それを楽しみに、精一杯愛の心と慈悲の心で、世のため人のために尽くしていくように。

――ありがとうございました。合掌。

老子様4　2002年7月14日　12：35―14：20

今日は私自身が綿雲です。空に横たわって下界を見ています。どうですか。気持ちいいものですよ。ゆったりのんびり幸せにしていれば、私のような境地になれるのです。せかせか汗水たらして動き回り、走り回って、世間体を気にしたりお金のことを気にしたり、いらいら、いじいじしないことです。

――昨日は大きくかかる虹を見せていただきました。しかも二重にかかる虹で、それが消えたと思ったら、再び、さらに大きな虹をかけて見せてくださいました。ラッキーでした。虹というのは、そちらから見ると、どういう現象なのでしょうか。

虹ですか。大きくかかりましたか。二重にかかる虹でしたか。
天上界の方々の思い、喜びの祝福の思いの現象です。それを目にすることができるのは、ほんの一部の人々です。神々の祝福を受けたのです。幸福を約束されたようなものです。

そう信じて生きることです。人々にその幸せを分かち与えてあげるのです。

――老子先生にこうしてお話を伺っていますと、とても胸が温かく、胸の中にお湯が湧き上がってくる思いで、幸福感でいっぱいです。

そうです。その温かい思い、幸福の思いというのは、他人の幸福を願っている心境であればこそ、与えられる神の喜びの思いなのです。自分のことで全神経も頭もいっぱいの人には、とてもそのような喜びは与えられないものなのです。その温かさを忘れないように。

――はい、ありがとうございます。さて、昨日から「お盆さま」なのですが、お盆とか、春と秋のお彼岸などの仏事の年中行事の意義、それに二一世紀に当たっての仏事の観念などについてお話しください。

そうですね。盆や彼岸に先祖を敬い、想い出し、親子、親戚が集い、語らい、親睦を深め合うという昔からの行事は、とてもよい習慣ではないかと私は思っています。季節の果物や、よい香りの供花を飾り、普段お墓参りをしなくても、このときは心打ち解け合って、和気藹々《あいあい》とした姿で、今あるのはすべてご先祖様のおかげと、在りし日を想い、また感謝の想いを捧げるという行事は、二一世紀だろうと二二世紀になろうと変わらない方がいいですね。

しかし、問題は、心のあり方です。ただ形《かたち》だけの、しかたなしのお墓参りならば、ご先祖も嬉しくないでしょう。もちろん先ほどからお気づきでしょうが、霊体で生きているご先祖様たちが、お墓の中におられるわけがないのですから、墓参りをしなくても少しもさしつかえはないのでありますが、昔からのしきたりには、それぞれの意味があってのことだと思っています。

古いしきたり通りにやりたい人はすればよろしい。念ずれば通ずと普段から思っている人には、またそれで立派に念《おも》いは通ずるのです。要は「念い」であります。心であります。新しいお盆の形式ですが、こちらからこうしてくれと言うのも変ですなア。自然にすたれるものはすたれていくし、残るべくして残されていくものもあるのです。そういうことです。

——神社仏閣への初詣、除夜などに参拝をするご利益《りやく》信仰といいますか、ああいうもののあり方はどう思われますか。

まあ、年の初めに心を新たにして神仏に新年を迎えることができた感謝の思いと心構えを祈念するという意味で、初詣、また年の終わりに、反省と無事年を越すことのできる深い感謝の思いの除夜詣など、悪くはないと思いますが……。一生懸命、世のため人のために尽くしている天上界の神仏たちを思えば、悪くはない行事だと思います。

また神社もお寺も、実際問題として利益がないと運営していけませんからネ……。まあ、祭礼は、地域の発展と神と人々との親睦をはかるためには、なくてはならない古来からの年中行事ですので、奉納金とか御布施とか、浄財を寄進するというあり方も、悪くはないと思います。

ただ、自分だけのご利益を願ってのものにならないように、広く人々の幸福のためにという思いが、地域をよくし、ひいてはその人自身をもよくするものだと信じております。「人を信ずる、神を信ずる」信仰とはこういうものです。お盆や彼岸のときは、霊を意識するが、後に転生輪廻のことや魂のことを話しても、まったく受け付けないというのでは話になりません。

そちらの人々というのは、なんと愚かしいのでしょう。このために、教育を変えていかねばならないのです。

葬儀のあり方も戒名のあり方も、ただただお金と結びついた形だけの物となっています。大金を支払わなければ、葬儀ができないなどというのは、間違っています。
では、この辺で。

——ありがとうございました。合掌。

老子様5　2002年10月31日　9：20—9：40

——老子先生でいらっしゃいますか。
さっそくお出ましいただきましてありがとうございます。本日から、魂のこと、地球のこと、世の中のことなどについて、お話しされたいことを、私的にも公的にもお伺いできたらと思っているのですが。

よろしい。少しのあいだ続けることにしましょう。あなたのことを考えると、少し大変なのではないかと案じられないでもないのですが、そのままでよろしい。何も考えないでよろしい。素直に聞いてくれればありがたい。

さて、今日は、最初でありますから、まず魂というものについて話をしていくことにしましょう。魂という言葉は、本当に小さな子どもでも言葉としては聞き知っているでしょう。

しかし、どういうものであるか、正しく理解している者というのは、年をとった者でもはっきりと言い切ることは難しいかもしれない。実態が人の目には見えない形のないものであるからです。

本来、魂というものは、神の意識体から分かれ、個々の個体をもたされた永遠の生命体であります。そのことについては、後日折にふれ、繰り返し話が出てくることになると思いますが、人は神の分御霊です。一人ひとりが神の子なのです。そして、その魂の真我の部分である中心、それが心なのです。

そして、その心には、いつも神が鎮座されておられるのです。はるかに高い天空のかなたに神がおられると思っている方がほとんどではないかと思いますが、神は一人ひとりの心の中に、いつでもあなた方の一つひとつの行動、一瞬一瞬の思考や想念にいたるまで、すべてのすべてを見ておられるのです。

それゆえ、神の御前には、何一つのごまかしも言い訳も通用しないということを、知っておかれることが必要です。つまり、人の心の良心の部分がそれであります。

老子様6　2002年11月1日　10：30—10：50

——老子先生お願い申し上げます。

はい、よろしい。昨日の続きをお話ししていきましょう。

昨日は、神と人、魂と心との関わりについて話しました。今日は、魂と転生輪廻について話してみようと思います。

魂というものは、神から永遠の生命をいただいた生命体であるということを話しましたが、大宇宙の中で、ほんのゴマ粒のような地球という星の進化向上のために、人として生まれ幾十年かの修業を果たし、再び本来の魂の姿となって霊界に戻っていくという過程を繰り返すことが、転生輪廻であります。

しかし、人の子として生まれ、辛く厳しい人生をひたすら歩み、肉体が年をとると、死の苦しみを舐めて、霊界へ戻る。ただそれだけであるならば、いかに魂の進化向上のためとはいえ、あまりにも酷です。
むつかしいですかな。じゃ、今日はここまでにいたしましょう。

老子様7　2002年11月2日　10：10—11：10

——老子先生、お願いいいたします。

はい、いいでしょう。前回の続きのこともありますが、それは後にして、今日は少しあなたと雑談をいたしましょう。何かにこだわっているようで、話を聞いていることが辛そうだ。私が、今日は聞いてあげよう。なんでも話してごらんなさい。

——先生、「霊信」てなんでしょうか。私は、きちんとお役を果たしているでしょうか。なんの知識も教養もない私が、このお役目をこれからも続けさせていただいてよろしいのでしょうか。こんな不安で、今いっぱいなのです。

霊信というものは、こうして地上の人たちへの、目には見えぬ私たち霊界からの通信ということです。地上の人間は、電話や手紙、電子メールなどでお互いに連絡を取り合ったり、意志の疎通をはかります。

私たちには、直接話をしたり、電話をしたりすることが、まだできるようになってはいませんせん。そのため、特定の霊能力者を通じ、連絡の架け橋となっていただき、意志の疎通を図りたいと願っているわけです。でも、そちらの意識というものは、誰の目にも見えたり聞こえたり触れたりできるものでなければ、信じられないという状態です。それぞれが生き方を正し、心の持ち方を正し、地球を輝く愛の星に、世界を素晴らしい愛の世界にしようという大きな志を失っている状態なのです。

天上界では、懸命に働きかけをしているのですが、それぞれの人たちの心は、自分勝手に動くばかりです。地球は嘆いています。人々は神の御心を忘れています。その意味で、今、霊信というものがとても重要な時代なのです。

――わかりました。でも、私でもよろしいのでしょうか。

十分です。変に構えないで、自然体のそのままのあなたでよろしい。それが一番望ましい状態です。

――わかりました。

老子様８　２００２年11月３日　10：20―10：50

――おはようございます。昨日は私的なことをお伺いいたしました。ありがとうございました。

今日もまたすっきりとお話を伺えるかどうか不安ではございますが、よろしくお願いいたします。

ああ、よろしい、よくわかっておる。どのような状態においても、続けていける精神状態が必要です。続けましょう。

神のおおいなる意識は全宇宙にあまねく行き渡り、砂粒のようなものにも、完全なる形で愛を示してくださるのです。神の子であり、分御霊である私たちが、進化の道を歩む姿を、神は尽きることのない深い慈愛のまなざしで見守っていてくださっています。誰に教わらなくても、生まれたての赤ん坊が、母親の乳を探すように、魂は神の愛を求めるようにできているのです。それは、すべての魂は、神の分御霊であるからです。

ゆえに、愛の心をもち、愛に生きる喜びは、神の御喜びであり、至福の何ものにも替えがたいものであることを、個々の魂は、その潜在意識によって、十分知っているのです。人は魂、魂は心、心は愛。心には神がおわし、神は大いなる愛そのものであります。

老子様9　2002年11月4日　11：35―12：10

――連日のお出ましありがとうございます。いつも途中で中断してしまい、申し訳ございません。

それはどうでもよいことです。あとからどうにでも話を補足したり、つないだりすることができますから。心配することはありません。

――はい。今日は悠一郎先生が大阪へ講演に行かれました。大阪の会員の方が、尽力くださり、人を集めてくださるそうです。

結果は考えないようにしてはいるのですが、どのような反応があるのか、少し気になっています。

老子先生は、今回のような地方においての活動を、どうご覧になっておられますか。

はい、今日のことは知っております。ご苦労なことです。でも、この活動のために奉仕をしてくれる会員が出てきたことを、本当に喜んでいます。さまざまな苦労もあるでしょうが、神はその一つひとつを、しっかりご覧になっておられます。いまの苦労は、やがて大きな喜びに包まれることでしょう。

無心に種を蒔き続けるのです。神への奉仕で得る幸福とは、こういうものです。木が育ち、美しい花をいっぱいに咲かせ、実がこぼれ、その実がやがて数えきれないほどの芽を出し、苗となって育っていくのです。

カルマを背負った人が、さまざまな苦労をしながら、血の汗をしたたらせ、歯をくいしばって生きるより、人としての愛を尽くし、神の道をめざし、大自然の法則に身をゆだね、ゆったりと生きていくことができたとしたら、それは天の理法に添った生き方そのものであると、私は信じています。

「私はあの方のあんな生き方が好き」と言われるような生き方のお手本のような人生を送られている方が、たくさんおられることでしょう。

その人その人によって、もっているカルマや意識が違うのはもちろんですから、人を認めるための価値判断の基準が違ってくるのは当然です。しかし、私たち天上界の者から見ると、そちらの世界での大成功者と言われる人が、必ずしもこちらでは霊人たちに拍手大喝采で迎えられる魂であるとは言えないことです。

実業界での成功者、社長や会長、政治家や教育指導の者、学者、科学者、宗教家…どんな素晴らしい立派な肩書をもち、人生の勝者街道を突っ走り、巨万の富を得た方でも、真実心の内容がともなわなければ、こちらでは少しも喜ばれないということなのです。

老子様10　2002年11月5日　9：40―10：10

――おはようございます。老子先生お願いいたします。昨日の大阪講演についてお伺いいたします。ご覧になっていかがでしたでしょうか。

大変よかったと思います。結果の判断というものは、あまり必要ではないのですが、真心をもって計画をし、準備をする段階における魂の愛の響き合い、導き合いというものが重要なのです。ここで実を結ぶ種を蒔けるかどうかで、大きな違いが出てきてしまうのです。すでに、結果は見えているからです。

「客席の人数が一人とか二人だけでもいいのです」と私たちが言う意味が、ここにあることを知っていただきたい。もちろん、当日の講演がどうでもよいと言っているのではありません。これについても、もちろん大切な大きな奉仕なのですから。

私の言っていることはおわかりかと思いますが、その意味でも、今回の講演は成功なのです。また、客席にも少なからず、種を受け止めてくれた方がいたとお見受けします。どうですか。神への奉仕ということの素晴らしさが見えてきたでしょう。そしてそれが、ともに味わう喜びというところに、さらに神の大いなる愛を感じることでしょう。神に感謝の祈りを忘れないことです。

霊界の存在、魂について転生輪廻について、死について、愛について、次元についてのあらましを説法してくれたことを、指導霊の者たちは感謝しています。

霊信による講演ということで、どうかと思っている向きもあったのですが、私は前進するべきだと考えております。ここから天の理法が説かれるべきであり、幸せも手にすることができると信ずるからです。

質疑応答も手際よく、愛もあり、このような触れ合いも大切かと思います。『ユートピア讃歌』の魅力は、毎回言うようですが、大変素晴らしく、回を追うごとに聖圭以子《ひじりけいこ》さん（『ユートピア讃歌』のCDで歌を唄われた歌手）の念いが届いてくるようになりました。大勢の人たちを、歌声によって救うことができる恵まれた環境を大切にしていただけるよう念じています。

――ありがとうございました。合掌。

老子様11　2002年11月6日　11：40―12：30

――老子先生、お願いいいたします。

何一つ不安などないと言っているのに…。悠一郎の声を聞くような自然体でいいんです。気持ちを楽にして、体を楽にしていてくだされればそれでよろしい。

毎日のように霊信を聴いている者の苦労もわからないわけではないが、決して無理をしないでほしいと願っています。辛い心に鞭打ちながらなど、論外です。

さて、楽しく話を進めていきましょう。先ほど、私の姿が見えたでしょう。

——はい、美しい光の中で白い霊人服のお姿でした。白いひげからとても高貴な印象を受けました。

そうですか。ありがとう。この姿を私はあなたに見せたいと思ったからです。安心できるでしょう。姿が見えない者との話は、回を重ねると辛くなってきますからねえ。九次元と言いますのは、私の今いるところでありますが、私たちは本来は光そのもの、光のエネルギー体なのです。

輝く光そのものが動いていることになります。あなた方の魂も、実体は光そのものなのです。しかし、個々別々、輝きの違いは歴然とあるものです。それは当然、魂の悟りの違い、個人差の問題です。

だからといって、輝きのない魂は、程度が低く、輝きの素晴らしい魂は程度が高く、価値ある魂であると、そういう判断をしていただくために、この話をしているのではないのです。どの魂にも大切な修業の進化向上の段階があるわけですから、今は個々の輝きが、この魂にとっては完全であるということです。

すべての魂は、神の分御霊《わけみたま》です。貴賤のあるはずがないのです。たとえその魂が、今暗い地獄で駆け巡りのたうち回っている状態であっても、今必要があって、この苦しい修業をしているのだということです。やがて悟りの時がくれば、どんな魂であれ、必ずや永遠の目的である進化のために目覚め、光り輝く調和された状態になる時がくるということです。

この混乱の時代に、愛弟子《まな》である悠一郎の意識を地上に送り、霊信を送れるという喜びは、何ものにも替えられないものですが、このような時代に、三次元との交信を重ねていくということが、私たちにとっても自分との戦いなのです。時々空しくなりはしますが。

愛に満ちあふれているはずの私たちでさえ、こんな思いを抱くのですから、まして六次元、七次元の指導霊たちは大変です。奉仕だ、ボランティアだと精一杯活躍してくれていますが、本当に今の地球はひどいのです。

こちらの思いをわかってくれている人たちが、あまりにも少なすぎるのです。どうか、こちらの思いを伝えてください。今日は、このへんで。

――ありがとうございました。合掌。

老子様12　２００２年11月７日　10：10―10：40

――老子先生、お願いいたします。

はい、昨日は少し私らしからぬ言葉を口にしてしまいました。反省しております。

――どういうことかはわかっているつもりなのですが、私たちの対応状況が、自分たちでもなかなかはかどらない点にも、原因の一端があるのではないかと反省しています。申し訳ないことです。

そんな思いをさせてしまったことを、お許し願いたい。ゆったり、雲のように、風のように、寝そべって、光十分になって、エネルギーを送ります。受けてください。

――ありがとうございます。先生の深い慈愛が嬉しいです。

そちらでの苦労を思うとき、つい嘆きの言葉が出てしまうときもあるのです。しかし、すべての魂の本質は、善であり愛なのですから、それを信じ、真心を尽くし、光の天使としての役目を果たしてほしいと願っています。それにしても、基本姿勢はのんびりゆったり流れのままに、です。

――はい、霊界の意識はいくつもの段階に分かれていると伺っております。老子先生は九次元と伺いました。悠一郎先生を指導される霊団の方々、とくに霊信を送ってくださった方々の次元は、どのあたりなのでしょうか。

それは、その方によって違うのは当然でありますし、その次元によっても、層の厚みも幅もありますし、さまざまです。指導霊のそのような段階はとくに知る必要もないことです。その方たちのお話の様子を聞いていれば、おのずと解明できることでありましょう。

要は、「人々を救いたい、愛を伝えたい」というこちらの熱い念いを受け取ってほしいだけなのですから。まずは、真意を確実に伝えてほしいと願っています。

人は肩書や名声に左右されやすいものです。この霊信は、そんな垣根を払いのけて、霊界の様子や仕組みのあらまし、神とは、宇宙とは、地球とは、人とは、生命とは、魂とは…そのようなことを、またそれらとの関わりについて、正しく広く伝えてほしいという願いをこめた霊信であることを、あらためて申し上げたいと思います。

――ありがとうございました。合掌。

老子様13　２００２年11月８日　９：30―10：10

――老子先生、よろしくお願いいたします。

はい、よろしい。

今日は、魂の永遠の目的について、お話を進めていきたいと思います。魂の清らかさと深い愛の思いを抱き、おしはかることのできない因縁、宿命とも言いますが、そのカルマを背負い、魂は地上に生まれてくるわけです。

――どうして、どのようにして、カルマはでき上がり、人について回り、人はその解消のために苦しい修業とも言えるような日々と直面しなければならないのでしょうか。

その疑問を解くにあたり、言っておかねばならないことが二つあります。一つは、宇宙ユートピアが、神のめざす最終目的であるということ。もう一つは、個々の魂の進化向上であります。

神の御意志である全宇宙のユートピア化は、壮大な宇宙の中で、何百億年、何千億年もの壮大な宇宙ドラマを展開しているのです。そのほんのゴマ粒ほどにも満たない地球の生命体として生かされている私たちの存在は、たったそれだけを考えてみても、ありがたく、ただの偶然の産物ではないのです。

父と母がいて、たまたま私が生まれたのだと思っている人は多いでしょう。細胞が生きているうちは生命が続き、細胞が死ねばそのときは生命が尽きると…。

でも、それだけでは、ただの虫や植物と同じです。虫や植物と人との違いは、人には思考能力があり、心があるということです。生殖活動をし、子孫を残し、死んでいくためだけに、われわれは存在するのではないことはわかるでしょう。ただ子孫を残すために、本能だけで生きているのでしたら、虫や動植物と何ら違いはないわけです。

人は神の子です。神の分御霊です。その何よりの証しは、心があることです。誰の心にも、神が鎮座されておられるのです。人は生まれながらにして、潜在意識のなかに、神の存在というものを受け入れているのです。今、神も仏もあるものかと大言壮語を吐いている者も、です。

人は、一〇パーセントほどの表面意識で生きているのです。どんな立派な知識人と言われるような人でも、地上で生きている人間たちの意識というものは、それくらいなものです。魂本来の意識の十分の一程度の思考想念のなかで、右往左往しているにすぎないのです。

老子様14　2002年11月9日　12：05—12：40

——老子先生、お願いいたします。

はい、昨日に引き続いていきます。魂の永遠の進化向上であるということはおわかりいただいたと思います。さて、カルマという言葉が、この私の霊信にもたびたび登場いたします。カルマとはなんでしょうか。カルマという言葉は、「業」という言葉に置き換えることができます。

前世の行いの報いに対して使う言葉です。人は転生のたびに、新しい地上経験を重ねていくうえで、自我、我欲で自己中心に生きていきがちなのです。生まれてくるときのショックで、本来の転生の目的をすっかり忘れていますから、神仏への信仰心はおろか、反省も感謝も忘れてしまっているのです。そうして、我欲のまま、愛の欠落した本能に溺れ、物欲に目が眩み、地獄的な生き方を重ねます。執着心をもち、人を妬み、嫉み、苦しみ、悲しみます。さらに、権力や金の力をかさに、人を支配し、その結果、転生においては、解消不可能なカルマというものを残してしまうのです。

人の心は不安定であり、揺れっぱなしなのです。浅い表面意識で物事をとらえ、判断し、喜怒哀楽のなかで怒り、苦しみ、悩み、嘆いている姿は、実に哀れであります。本来の魂の姿を見せてやりたいと思ってしまいます。

反面、地上というところは、どんな魂にとっても同じスタートラインで、ゼロからの出発となります。カルマ解消のため、修業という言葉は好きではありませんが、悟りのための道を歩み、さまざまな魂の学びを得てくることになります。

そのたびに新しいカルマをつくり、もち帰ってしまうことにもなり、魂としての人の旅路は、永遠という言葉での表現になり、はてしなく続くことになっていくのでしょう。

――ありがとうございました。合掌。

老子様15　2002年11月11日　10：15―11：55

――老子先生、お願いいたします。

よろしい。心を空っぽの状態にしておくように。…それでよい。今、二人で雑談していたときのように、気楽でそのままの状態であれば、どんなに楽かと思うのに、「さあ」という心構えができてしまう。まあ、それも無理からぬことではあるが。先ほど話していたことを記録しておくか。

——はい。毎日毎日のお出ましが、申し訳ないというところから始まりました。

そうでした。私の老子としての意識が、九次元界から、あなたが呼ぶたびに毎回降りてくる。それも三次元のすぐあなたのそばに降りてくる。そのようなことを話していたのでしたね。

——私は、それはとても大変で、疲れてへとへとになってしまわれるのではないかと案じております。

まあ、肉体がないのですから、疲れるということはないのですが、苦労というのは次元による波長の違いというところでしょうか。それに、私のすべてが降りてくるのではなくて、私の意識のほんの一部が降りてきているわけですから、ご心配には及ばないのです。

——霊界の高級ホテルに宿泊というか逗留されて、毎回降りてこられるのかしらなんて、思っていたのですが。すみません、冗談です。

心配はいらないのです。光エネルギーですから。エレベーターやエスカレーター、徒歩というわけではないのです。

ま、こんな話もときには面白いですね。地上の人たちは、まったくわかっていないわけですから、九次元界の様子のほんの一端が解明できたことになりますよ。

——では、六、七、八次元の指導霊様たちの霊信を受けるときにも、必ずその方たちは地上へ降りて話をされるということなのですね。

そうです。そのときには、やはり意識の一部が降りてくるときもあれば、次元によっては、本体そのものが話してくるときもあります。

――この三次元に降りてこられるまで、エネルギーが足りなくなって、途中で休まれ、エネルギーを補給されるということを伺っておりますが。

そうですね。そのようなこともあるでしょうが、私にはさほどその点は必要がないのです。大自然の法則そのまま、ゆったりとした心持ちで何事にも当たることにしています。義務感や責任感などはないのです。大きな大きな愛のエネルギー体そのものなのです。今、あなたは美しい涙をこぼしておられる。感謝と反省と祈りの念いなのですね。よろしい。そのような思いで日々をお過ごしなさい。では。

――ありがとうございました。合掌。

老子様16　2002年11月12日　9：30―9：50

――老子先生、お願いします。

はい、始めましょう。昨日の私の話やあなたの守護霊の話に共通するものは、人は自分のためだけではなく、他人のために生きよということです。自我我欲、自己保存欲は捨てて、ただ愛の塊になって、他人のために生きていけば、それによっておのずと自分が救われていくのだということです。

それも不動心で、自然体で堂々としかもゆったりと、一時も休まず流れゆく大河のように、おおらかに生きていくことができればこのうえなしです。

人は、生きていくために生まれたのか、あるいは生まれたから生きていかねばならぬのか、あなたはどちらだと思われますか。そういう質問はよくあります。

人は魂なのですから、魂の命は永遠なのですから、当然、志、目的をもって、しっかりと生きていかねばならないのです。

人はどうして、このように苦しい人生を生きねばならないのでしょうか。こういう疑問も、誰の心の中にもありますが、真理を学んだ者たちは、そのことに対して、すぐに解答を出すことができるのです。

人は神の子です。神を信仰し、どんなときにも神に向かい、真理の道を進む心であれば、必ず願いは達成されます。親が子を見捨てておくはずがないからです。大きな愛で、いついかなるときにも育んでいこう、手を引いてやろうと思わぬ親はいないのです。今、苦しみのなかにいる者を、神は放っておくでしょうか。
その魂にとって、その苦しみもまた必要であり、その体験、経験をすることにより、さまざまな学びを得られることを望まれているのです。人生とはそういうものです。

老子様17　2002年11月25日（1）　9：15―9：55

――先生、お願い申し上げます。

はい、よろしい。少し落ち着かれましたか。大変でしたね。そちらの世界は、肉体というものがあるばかりに、いらぬ苦労をせねばなりません。まあ、その肉体をつけていることによる修業なのですから、いたしかたないですがね。
心の持ち方次第で、いかようにでもなる苦しみもあるわけですから。真理を学んでいる者が、いつまでも呻吟することではないのです。そういうときにこそ、神とともにあることを、神の子であることを、しっかりとご自分に言い聞かせ安心することです。これはどなたにも言えることです。

苦しんでおられる方があったら、手をとってそう諭してやることです。どんなにか心が穏やかになることでしょう。そういう積み重ねによって、少しずつ少しずつ人の心は浄化されていくのです。進化していくものなのです。

奇跡が起こり、一夜のうちに変わる人もありましょう。しかし、一般の人たちは、望んでも望んでもなんの奇跡も起こってはきません。魂の修業による顕れが、奇跡と言われる現象となって見えるだけであり、その魂にとっては当然のことなのです。

――間――

今、雨の音だけが響いています。この雨によって、また一段と冬が進んでいくでしょう。厳しい本物の寒さが続くほど、春への期待が高まり、また、巡ってくる春の喜びも大きく深いものなのです。

今、地球は病んでいます。さまざまな現象が顕《あらわ》れ始めています。

当然の流れではありますが、人が病めば回復するために体の中ではエネルギーが働き、細胞をもとのように戻す動きが始まります。それと同じように、地球の意識の芯の部分が浄化作用を常にとってはいるのですが、追いついていかないのです。

人の想念の働きというものは大きいものです。一人ひとりの念いなど、たかがしれていると思われるでしょうが、地上のすべての人たちの念いのエネルギーというものは、凄まじいものです。

常によきものに変えていかねばという魂本来の目的を、再認識すべきときがきているのです。では、このへんで。

——ありがとうございました。合掌。

老子様18　2002年11月25日（2）11：10—11：45

あなたは中国服を着ている姿より、白い霊人服を着ている姿の方がお好きのようだ。

——はい。またお出まし願いまして申し訳ございません。

実は自分自身のことなのですが…。他人様の過去世を天上界の方から教えていただくということが、その方のこれからの生き方にどれだけ大切なものであるかということは、悠一郎先生の日頃のお話でわかっているつもりではいるのですが……。

人の過去世に、場所や時代、年代というものはついてまわるものであり、その具体的な一つひとつの事柄が、私を通して人様の目に触れるわけですから、間違いがあってはなりません。ですから、内容があまりよくないときには、どうしても逃げ腰になってしまうのです。

これまで、自分のものも含めて、いくつもの過去世を見せていただき、教えていただきましたが、逃げ出したい思いでいっぱいです。この思いをどうしたらいいのでしょうか。私の今生での過去、あるいは過去世に、何か原因があるのでしょうか。

この問題は、簡単に一言で終わることなのですが、きっとあなたにとっては大変な重荷なのでしょう。でもこれは、どうしても越えなければならない関門なのです。

今のあなたにとっては、他人様の過去世を見るということは、さほど難しいことではないはずです。そんなことは、目をつむっていてもできることのはずです。

しかし、「できない。いやだ。逃げたい。止めてしまいたい」と、こう言われるのですね。でも、これもまた表面意識ですよ。自己保存欲です。龍馬さん式に言わせてもらえば、恥ずべきことです。

何も怖がることはないのです。それぞれの霊人様の言われたままを知らせる。それが、あなたの立場ですから、不安がる必要はないのです。

霊人は、確かに長く生きているわけですが、古い魂にはいろいろありましてね、なんでも完全というわけではないのです。ですから、霊人の言うことに責任をもつなどということは考えず、あなたはただ言われたことを伝えさえすればいいのです。自分の過去世に大問題があって、人様のものを見せていただく資格などないのかもしれないなどと、勘繰る必要はさらさらありません。

あなたが、過去にあまりにも大きな問題のある魂であるならば、霊信を伝えてほしいと思う人が、こんなに出てくるはずがありません。何の不安もいりません。そのままを伝えればよろしい。それがすべてです。


——ありがとうございました。合掌。

老子様19　2002年11月26日　9：15—9：50

——老子先生、昨日はありがとうございました。おかげさまで、いまは霊信を受けさせていただける喜びと感謝の気持ちでいっぱいです。一年の節目にあたり、世のため人のため地球ユートピアのために、私を通じて愛のメッセージを送ってくださる指導霊の先生方のお気持ちを、そのままお伝えすることができますよう、あらためて努力したいと思いました。


はい、わかっております。悠一郎さんと二人の会話を聞きました。

一年がたって、あらためて私たちも安堵と大きな喜びを感じています。やはり、この一年はどうなることかという思いもありましたので。まずは第一段階の目的は果たせたと思っています。さあ、次のステップです。私たちには、次なるものが用意され、きちんとできあがっているのです。

だからといって、重荷に感ずることはまったく必要ありませんし、どういうものかを知りたがることも必要ないのです。やらなければならないものは、必要に応じて知らせが届けられるはずです。身の回りも少しずつ変わっていくことでしょう。驚くにあたわず、騒ぐにあたわず。なるべくして、あるいは必要があって変わっていくのですから。

あなたのまわりの方に、環境の変化があったりします。二人のことではありませんよ。あくまでも周囲の方の変化です。それが、再度、真理の道へ前進できる大きな節目になるはずです。心境が進むでしょう。そんな見通しが立っています。

心を清らかに、神理を求め、どんなときにも手を携え、いたわり合って、一筋の光となって天をめざしてくださるよう。


——ありがとうございました。合掌。

老子様20　2003年1月16日　9：40—10：15

——老子先生、お願いいたします。

天照様、リンカーン様、ケネディ様、龍馬様などから霊信をいただき、会員はもちろんですが、政治家、知人、友人などに送り、これからも思いついた方々に手渡したいと思っているのですが、そのことについて、ご意見をお聞かせください。

私はあなたたちの指導霊として、ずっと見守ってきています。はるか昔から、さまざまな転生輪廻をし、修業をし、苦難もともに味わってまいりました。意識は一つです。その私が、今のあなたたちを見ていて、本当によくやっていると嬉しく、心からの感謝の思いでいっぱいになるのです。四方八方どちらを見ても手応えも成果も見えず、協力してくれる人も少ないという情況を乗り越え、愛の心をますます豊かに実らせているのですから。

私たち天上界の者たちは、伝わってくるその純粋な愛念を至上の喜びとして感じ、受け取っています。その思いが、光の子たちを大きく大きく育て、愛は再びあなたたちのもとに還元され、愛念循環が行われています。これが、ユートピアの仕組みです。

この循環が人々すべてに行き渡ったときに、地球は素晴らしいユートピアとなるのです。この奉仕運動はたった二人だけの愛念から始まりましたが、多くの人たちを包む光となり、人を導く灯となり、地上の輝く星となれないはずがない。

この機をのがさず、愛の種をまくがよい。手渡してよろしい。これが大きな流れをつくるかつくらないか、そんな結果は考えないでよろしい。無心で手渡すがよい。奉仕とはそういうことです。

たとえ、すぐに結果が見えてこなくても、神はご存じです。どんな花が咲き乱れていくか、楽しみです。私たち天上界には法則があり、たとえ地上でおろかな戦争があっても、自然破壊が恐ろしく進んで地球が泣いていても、それも大きな流れとして受け止めなければならないということを、誰もが知っています。

宇宙も地球も大きな意識としての進化をめざし、人類もまた、それぞれ進化をめざしているのです。常に何が大切かを意識して、胸に愛の灯火を絶やさず、自然体でできるだけのことをする。背伸びも無理も必要ないということです。

必要なときには、必ずインスピレーションが届くはずです。流れが差し迫って、そうせざるをえない状態になって、インスピレーションがいくのですから、安心して、ポツリポツリとやっていくということで、大丈夫なのです。むしろ、先走ったり、こちらの思いをはかりすぎたりしないように注意しなければならないほどです。では。

——ありがとうございました。合掌。

老子様21　２００３年４月４日　10：00―10：20

――老子先生、さっそくのお出ましありがとうございます。いつもご指導いただき感謝しております。今日もよろしくお願いいたします。

天照様の「魂よ目覚めよ。時は今」のお言葉をいただきましてから、世界各国の大使館に、また多くの方々に霊信の手渡しをしていますが、私たちに炎のような情熱をもって当たれと言われる指導霊の先生もおられます。

イラク、アメリカの戦争が、ますます激化している今、私たちのこれまでのやり方が生ぬるいと思っておられるかどうか、また、光の指導霊様からの霊信の聞き方および人選などについて、お考えをお聞かせください。

よろしい、お答えいたしましょう。

それにしても、今、世は春です。まず花を愛《め》で、穏やかな空を見上げ、雲にしばし心を遊ばせ、草の臭いを嗅ぎ、大自然からのエネルギーをしっかり感じ取る余裕が必要です。体の深部にいたるまで、光エネルギーを満たし、細胞の一つひとつが歓び、活き活きと始動してこそ炎のような念《おも》いが湧き上がってくるものです。

疲れ果て、へとへとになっているにもかかわらず、さらに炎のような思いを抱けと言われても、泣きたくなるでしょう。わかっているのです。天上界の言葉には、すべて念いがエネルギーが仕込まれているのです。厳しい言葉には、それに倍する愛の念いが裏打ちされているのです。マンネリ化しないように、時々、あなたたちの心に小石を投げるのです。いいですね。炎のようになれと言われたからといって、ここでガソリンをかぶり、炎の玉となって、どこへ突っ込んでいくのですか。嫌われるだけです。息の長い活動をしてほしいと願っているのです。

息を長くといっても、ただぼんやりとして伝える情熱もない、形だけのおざなりな行為と、こぢんまりとはしていても、念のギュッとこもった行為とでは、差があって当然です。

正直難しいです。この仕事を選ぶ人たちの苦労は、絶えず、これでよいのだろうかという反省と模索です。ですから、清らかで美しいのです。

時々、小石が投じられるでしょう。でも、騒がずに淡々とした思いでいればよろしい。極端に走ることを私たちは喜びません。指導霊の方にも個性がありますし、急進派もいます。

――中断――

10：50―11：00

――中断をお詫びいたします。引き続きお願いいたします。

よろしい。そちらの生活も便利なようで不便ですね。電話というものも、ときには不遠慮なものです。

さて、霊信の聞き方、人選についてですね。そのときの気づきで展開していけばよろしい。必要なインスピレーションは必ず届けられる。必要なメッセージは届けられるのですから、その都度の反省は大切ですが、今までのやり方、進み方で十分感謝です。

――ありがとうございました。合掌。

老子様22　2003年4月5日　4：10―5：10

――昨日はありがとうございました。老子先生のお話を伺いますと、勇気づけられ、私たちは安心いたします。元気が出てまいります。今日もお話をお願いいたします。

アメリカとイラクは大きな反対や対立を産み、とうとう戦争になってしまいましたし、北朝鮮問題は波瀾含みです。世界はどうなっていくのか、これからの日本は、地球人類はどうあるべきかをお話し願いたいと思います。

情報戦という目に見えない裏の戦争も加わり、今、地球上は、真っ黒な煙がもくもくとたち上り、凄まじい悪臭が立ち込め、私たちにはとても正視できない状態です。人類というものが、哀れに悲しく感じられるときは、戦禍の荒れ果てた地に呆然と立つ人々の姿を見るときです。なんという空しさ、なんという哀れさ。そこまでいかなければ、気づけないという人の意識の情けなさです。

この体験を通し、目覚める魂もあれば、一方では、このような境遇になったことを恨み憎しみ、それをエネルギーにしていく魂も出てくるのです。

魂の学びは壮大なドラマです。戦争は大きな禍根を残し、終わりを遂げるでしょう。しかし、イラクとアメリカの単なる争いごとでは済まないのですから、ことはやっかいです。利権の醜い争いです。争いは争いを呼び、大きな渦をつくり他を巻き込んでいきます。

戦後の利権をむさぼらんと、醜い牙をむき出し、唸り声をあげ、他を威嚇しているその姿を、神が喜ばれるはずのないことは言うまでもありません。この戦争が、神の御心に添い、イラクを豊かな愛に満ちた国に再生するために、真に命を投げ出し、人々を救うため、自由にするためにせざるをえなかった行動であったかどうか。アメリカという国家意識が、後々まで問われることになるでしょう。

一人ひとりが、この戦争によって、たくさんの学びを与えられ、魂の目覚めのチャンスをいただいたのです。一人ひとりの進化を促し、地球の進化を進めていくのです。

美しいものを素直に美しいと感じ、ともに喜び、幸せを分かち合う心、大自然の与えてくれる幸せを、純粋に感謝する心が、この地上の一人ひとりに甦ったとしたら、そして、そのほのぼのした思いが高まり、ともに手をつなぎ合えたら、国境も人種も宗教も言語も文化も何の違和感もなく、一つになることができるのです。

一人ひとりが、自我や我欲で固まり、角《つの》突き合わせている時代は終わるのです。いや、終わらなければいけないのです。小さな国、単位、民族単位でとらえる時代は終わるべきです。一つの人類意識で、地球単位で、政治の秩序をとらえなければならない時代が来ているのです。

北朝鮮問題も含め、先進国として敵をつくらず、穏やかな平和主義を貫いてきた日本が、力を尽くし、ともに手をつなぎ、光に満ちた美しい地球になるための橋渡しの役を意識すべきでありましょう。

——ありがとうございました。合掌。

スウェーデンボルグ様に連れられて　2003年8月6日　10：30—11：20

注　井上トシ子は、スウェーデンボルグに連れられて、霊界にやってきた。最初に、井上トシ子に話しかけているのは、スウェーデンボルグである。

ああ、今日はとても気持ちよさそうに翔べています。重いものはすべて吐き出し、大きく深呼吸をして、この清浄な光を体中に入れるのです。

いいですねえ、その素直さがよろしい。そうあらねば、光の天使たる資格はないのです。

——緑の山脈の上を翔び、一面の花畑を越え、雪の輝く荘厳な山を越えています。とても良い気分です。幸せに満ちています。

体の中からあふれそうな幸福感です。私の着ている純白のドレスが風に翻る。その肌触りというか、感触がなんとも言えず気持ちよく夢見心地です。

さあ、行っていらっしゃい。エレベーターは必要なくなりました。

——色とりどりの花が咲き乱れるその上を、エンゼルたちが翔び跳ねてはしゃいでいます。老子先生が立っておられます。とてもにこやかです。

注　スウェーデンボルグに連れられて、霊界にやってきた井上トシ子は、老子と出会い、ここからは老子との対話となる。

やあ、よく来られましたなあ。苦労なしに来られるようになりましたね。感服していま す。実はこれほどになるとは思っていなかったのです。大きな歓びです。

——老子先生にはいらぬご心配をおかけし、私たちの活動も思い通りにははかどらず、遅々とした働きで申し訳なく思っております。

ご存じでしょうが、ここ四、五ヶ月、悠一郎先生の体調が整わず、苦しい思いをされています。

おお、おお、辛いだろう。が、何も案ずることはない。私たちはいつも感謝しているのだ。

苦労の多い地上で、まっすぐに他の幸せを祈り続け、地上ユートピアを念ずる彼の念いがずっと届いているのです。

安心するがよい。そのように泣かないでもよろしい。念いは十分届いている。天が放っておくはずがないのです。たとえ身は亡びても他を救いたいという思いが、私には痛いほど伝わってくるからです。そなたの念いも十分理解しています。

私たちの計画のなかに、大きな宗教問題の改革があります。これもあなたたちの分野なのですが、最も難しい心の問題、歴史、文化、教育、民族、国家、領土、すべてに関わる。このプロジェクトは、この百年くらいでは、ましてあなたたちの生涯のなかで、どうこうなるものではないのですから、慌てることも嘆くこともありません。

コツコツと身の回りの人助けをするだけで十分です。『ユートピア讃歌』も作り、『生命』も書き、たくさんの詩や曲も作りました。感謝の思いこそあれ、何の不足があろう。その上、人々にことあるたびに説法をし、霊信を伝えているのですし、それで十分です。

――たくさんの霊信をいただきながら、一冊の本にまとめたりしておりませんが、これについてはいかがでしょうか。

する必要なぞまったくない。聴いて手渡して十分です。そのやり方でいいのです。イエスにしても釈迦にしても、そのやり方でした。それでいいのです。残るものは残ってゆくのです。苦しみを自ら作り出すようなやり方を、私は望みません。他の指導霊たちも、まったく同じ念いだと申し上げておきましょう。

心をゆったりと預け、光明に抱かれる思いで日々を過ごしなさい。必ずや癒され、安らぎの日々が巡ってくるでしょう。

――はい、ありがとうございます。どうぞ、悠一郎先生にたくさんの光をお与えくださいますようお願いいたします。

おお、よし、よし……。肉体はいつかは亡ぶもの。誰にでもある進化の一過程にすぎぬ。肉体の弱っていくことに執着してはならぬ。すべては学びと心得よ。こんなことはもう飽きるほど繰り返し経験してきているのに、そのたび白紙になっているのだから面白いものだ。

自分の心を見つめていきなさい。心の移ろいを楽しみなさい。そのゆとりの心が痛みを取り払ってゆくのです。どうですか。さあ、十分な光が行ったと思います。

――ありがとうございます。老子先生のおられるこの光の満ちた天空が、老子先生のお住まいですか。

そうです。もとより家などいらない光エネルギー体としての存在なのだから。

われわれ天上界の指導霊としての働きの目標は、全地上人類の進化にあり、現在の地上の平和はもとより、一人ひとりの切なる幸福と安らぎの願望を受け入れ、聞き届けたいと努力しているのです。

さまざまな悪想念に取り囲まれ、地球意識の進化は遅々として進んでいません。でも、とどまってはいないのです。あらためて大きな夢を抱き、理想をもって光の天使の使命をもった者たちが、一人ひとり自覚してほしいときだと願っています。

――ありがとうございました。

合掌

老子様23　2004年1月7日　10：35―11：25

――老子先生、お出ましお願いいたします。二〇〇四年の年頭に当たり、老子先生のお話をいただきたいと思います。私たちは相変わらずでございまして、計画は本当に進めにくいかと思いますが、どうぞお許しください。

老子先生は、地紋の入った絹の白地のような柔らかい布でつくられたものをお召しです。

はい、よろしい。お話しいたしましょう。

年のはじめと言われましても、私たちには悠久の時が与えられているのですから、特別に区切る必要もありません。ことに私にとっては、そういうものは似合わないのです。しかし、気持ちを引き締めるという意味合いから、初心に戻り、あらゆる執らわれを捨てて、溌剌と大きな目標に向かって進んでいけたらよいと願っています。

——私たちには、この年末から年始にかけて、さらにはっきりとした計画を示していただきました。悠一郎先生が大宇宙神の使徒であるということです。

これからの二〇〇〇年に向けて、私は次のように願います。まず過去の二〇〇〇年に人間がつくり出してきたユートピア実現にとって差し障りになる大きな壁を越え、ベールを取り外していただきたい。そして、魂本来の自由な愛の心で生きられるよう、すべての人々が神理に基づき、平和で安らかな暮らしに向かえるようにしていただきたい。そのためには、「暗がりの法燈」たらんことを教え、真実を示す明星を仰ぎ見る役割を果たしてほしい。

あなたたちの役割は、いかに大きな流れをつくり出すかということではないのです。どれほど強い光を放てるようになるかということではないのです。ただ自然に湧き出す小さな清らかな源であればよい。ただし、それは決して枯らしてはならないのです。

誰もがホッとできる涼しい木陰をもつ大樹になってほしい。小鳥が遊び、花が咲き、美しい実をこぼす。雨の日には大きな傘となり、絶えず涼やかな風を送り出している。ときには、強い風をよけることもできる力強い存在であってほしい。

冬には葉を落とし、じっと春を待つ。その厳しい姿を見ていただくのです。特別な素晴らしい姿を見せるのではないのです。大自然に調和して生きる自然体の真実にこそ、学ぶべきものがあることを知っていただくのです。

なんと雲をつかむような話であると思うでしょうか。

物事を難しくひねくって、こうあらねばならぬと教え込まれてきた現代の人たちには、少し遠い感覚とも思われますが、一人ひとりが神理に照らし、自然体で道を進むことができるように、全体の意識を変えていければと願っているのです。

——ありがとうございました。合掌。

老子様24　2004年2月22日　3：10—4：00

——老子先生お願いします。いつもご指導いただきありがとうございます。ご指導いただきながら、表面意識の小さいところで行ったり来たりしている自分が恥ずかしく、申し訳なく思っていますが、悠一郎先生のインスピレーションで、本日はお願いさせていただいております。

おお、よしよし。お話しさせていただきますよ。何の不都合があるものか。たとえどんな心の状態であれ、人生には山もあれば谷もある。また、春夏秋冬もある。人生の景色というものは、移ろいゆくものであり、雨の日もあれば、雪の日もあるのは当然のこと。ですから、憂えることはないのです。それが自然です。

こだわりをもたない自分を育てていかなければ、どこまでいっても、波にもまれてもみくちゃになって行ったり来たり漂っている藻屑《もくず》のような姿になってしまうであろう。だからこそ、確固《かっこ》とした己の指針をもち、方向を見失わないようにする心構えが大切なのです。表面意識というものは、舵取《かじと》りを間違えると、どんどん勝手な方向へ行ってしまいがちです。あなたたちが、いつどのようなときにも神に向かい、まっすぐに進んできた魂であることを、私が一番よくわかっているのです。何を迷い悩むことがあろう。

辛いときには、私のふところに飛び込んでくればよい。そして泣くがよい。誰がそれを咎《とが》めるだろうか。突き放すだろうか。


――ありがとうございます。まだまだ勇気も足りないし、真理も学びも足りない私なものですから、悠一郎先生にはいつも心配やらやっかいをかけています。

どうぞこれからもご指導をお願いいたします。さて、このたび本を出版するにあたり、老子先生へのご報告が遅れましたことをお詫びいたします。

この本はシリーズになる予定ですが、最初は老子先生、龍馬様など、世直しに活躍された方々をお願いしたのですが、これについてはいかがでしょうか。また、付け加えることや省くこと、地球に寄せて世の中や個人に対してのメッセージなどございましたらお願いいたします。


私としましては、この上もない悦びでして、ようやくここまで来たかという思いでいっぱいです。ここへ来るまでの道のりの長かったこと。いやいや、この使命をいただいてからの地球での学びの道を思い出していたのです。数えきれないほどの苦難を乗り越え、自ら悪路を選び、魂修業に励んだ二人の姿を思い出しているのです。

二人だけのことではありませんぞ。私たち霊団のプロジェクトでもあるのですから、常に大きな理想と進化のため、ともに精進してきたことを誇りに思っています。

また、次なる段階である宇宙時代への幕開けということにまで歩を進めることができたことを悦び、大きな期待とともに、思いを新たにしているところです。これは、地上すべての人たちへのメッセージでもあり、また、霊天上界にとどまらず、すべての魂に対するメッセージでもあります。

この本の出版に関しては、申し分のない私の思い通りのものになる予定です。幼い子どもから、何の学問もない者にも優しく語りかけ、何が大切かが、どこを開いても理解できるようになっています。難解な言葉など、まったく必要ない。ある一部のものにしか理解できないようなものであっては無意味なのです。

「万人の真理の書」であるべきです。文化の遅れがちな国の者たちにも、そのままでわかってもらえる書。そのような書が、いまは大切なのです。

ずっとずっと後年まで残る書にするためには、人に媚《こ》びたりへつらったりする部分が、あってはなりません。そのような部分があれば、削ぎ落としなさい。

知識をひけらかし、あるいは我こそが天から選ばれし者なり、などという姿を、神が喜ばれると思うかどうか、語らずとも人は魂でそれを知ることができる。そのようにできている。

善きものは残る。そう信じきることこそ、神徒としての真の姿と言えよう。

——ありがとうございました。合掌。

あとがき

小川悠一郎

いかがでしたでしょうか。

読者の皆様により、感じ方やご意見はさまざまかと思います。できるかぎり、ありのまま、そのままをお伝えし、霊界の真相、守護指導霊様の思考想念を魂の糧《かて》としていただき、よりよき人生の一ページとなりますれば、これにすぎたる歓びはありません。

地球意識は今、人の悪想念で痛み、傷つき、苦しみ、泣いております。

私たちの美しき星、地球プリンスを今一度光なる相《すがた》に戻すのは、人間が「愛」や「慈悲」の神の波動に立ち返ることが先決かと思えてなりません。

世界は一つの時代を迎えました。国境を越え、人種差別を越え、地球意識、宇宙意識に基づく意識拡大の思考想念改革をやらせていただいていると自負するものです。

さて、本書は五部作の第一冊目にあたるものです。

二冊目は「宇宙探訪編」等「宗教家」を予定しており、大宇宙指導霊、釈迦、イエス・

キリスト、モーゼ、薬師如来、法然、親鸞、日蓮など、諸如来、諸菩薩《ぼさつ》のご登場となります。

三冊目では、少し趣を変えて、一般の方にもお馴染みの「芸術家、スポーツ選手、芸能人」等からの霊信をお伝えする予定です。

そして、いよいよ天照大神による宇宙幕開け宣言が明らかにされることになりました。これらの霊信は前人未踏の宇宙意識時代を迎えてから以後二〇〇〇年にわたる万人にとっての真理の書となるであろうことを信じてやみません。

〈編著者紹介〉

小川 悠一郎（おがわ ゆういちろう）

1940年、新潟県に生まれる。本名は金一郎。

幼い頃より将来は音楽家になることを夢とし、10代後半から歌謡曲、フォーク、ポピュラー、ラテンなど作曲活動を通し現在に至る。小林幸子、芹洋子、柏木由紀子、トリオ・ロス・デルフィネス、社歌など数千曲を作曲。レコーディングなど制作活動を展開。

それとともに、倫理哲学思考・大自然の法則などを研究し、音楽的要素を取り入れた実践活動を推し進める。そして自ら創始提唱するところの『心音法』を詩的に表現した「幸福心音法“生命”」を著作。1980年頃より「死への疑問」を拭いきれず、エドガー・ケイシー、スウェーデンボルグ、日本の初期心霊学者・浅野和三郎などの著作に触れ、あらゆる霊験、霊示集を研究。

さらに神智学、神秘学によって人間永遠の生命、目的、使命を感知するにおよび『理想郷讃歌』の詩曲を約三百作曲。うち15曲がキングレコードより全国発売。コンサート活動も行っている。また1991年には心音法を音楽と言葉でストレス解消に活用したＣＤ「α波トークセラピー」もキングレコードより全国発売されており、多くの賞賛を得る。

主な著書に『心の音が心の病を癒す』『死の向こう側』『心よ』（ともにハート出版）がある。真に人々の永遠の幸福を念じ、人間幸福曲集を鋭意創作中。


〈著者紹介〉

井上 トシ子（いのうえ としこ）

1942年、栃木県生まれ。県立大田原女子高等学校卒。21歳で結婚。精肉店を生業とし、ごく普通の主婦として過ごす。1999年ノップ音楽院に入り（理事長・小川悠一郎）、歌謡曲を学びながら（講師資格取得）悠一郎主催の「心の宇宙劇場」に入会し、真理に向かう。心音法、ユートピア讃歌、霊界の真相を学ぶうちに、霊道が開かれ、幽体離脱・霊界探訪・霊界通信交流が始まり、現在に至る。

地球直しじゃ　世直しじゃ

2004年8月15日　　初版第1刷発行

編 著 者　　小川 悠一郎
発 行 者　　菫澤 潤一郎
発 行 所　　株式会社 たま出版
〒160-0004　東京都新宿区四谷4-28-20
03-5369-3051（代表）
http://tamabook.com
振替　00130-5-94804
印 刷 所　　図書印刷株式会社

ISBN4-8127-0101-5 C0011